本书受教育部人文社科基金"水资源约束下的涉煤产业政策研究"（18YJCZH016）资助

水资源约束下的
涉煤生产企业规制研究

陈亚林　刘姣姣 ◎ 著

河海大学出版社
HOHAI UNIVERSITY PRESS
·南京·

图书在版编目(CIP)数据

水资源约束下的涉煤生产企业规制研究 / 陈亚林，刘姣姣著． —— 南京：河海大学出版社，2023.5
　ISBN 978-7-5630-7923-0

Ⅰ．①水… Ⅱ．①陈… ②刘… Ⅲ．①煤炭企业—水资源管理—企业管理—研究—中国 Ⅳ．①F426.21

中国国家版本馆 CIP 数据核字(2023)第 081163 号

书　　名	水资源约束下的涉煤生产企业规制研究
书　　号	ISBN 978-7-5630-7923-0
责任编辑	彭志诚
特约编辑	王春兰
特约校对	薛艳萍
装帧设计	徐娟娟
出版发行	河海大学出版社
地　　址	南京市西康路 1 号(邮编:210098)
电　　话	(025)83737852(总编室)　(025)83722833(营销部)
经　　销	江苏省新华发行集团有限公司
排　　版	南京布克文化发展有限公司
印　　刷	广东虎彩云印刷有限公司
开　　本	710 毫米×1000 毫米　1/16
印　　张	11.25
字　　数	180 千字
版　　次	2023 年 5 月第 1 版
印　　次	2023 年 5 月第 1 次印刷
定　　价	69.00 元

序言

由于中国"富煤、贫油、少汽"的资源禀赋，煤炭在我国一次能源消费结构中所占的比重一直保持在60%以上。随着气候变化受到全球广泛关注，环境治理问题成为政府的主要工作内容之一。为遏制煤炭开发利用的负外部性，相关治理措施先后出台，2011年11月国际能源署(IEA)发布《世界能源展望2011》，提到中国煤炭资源与水资源在空间分布上的矛盾使得水资源条件不可避免地成为煤炭开发利用的重要瓶颈；2013年12月17日，水利部公布《关于做好大型煤电基地开发规划水资源论证的意见》，要求煤电基地建设"量水而行"。但由于水资源管理以流域为单位，而煤炭开发利用项目审批则由发改委系统主导，因此"多龙争水"现象在煤电基地屡见不鲜。

值得关注的是，由于我国自然资源禀赋结构难以实现完全"去煤"化，积极开展涉煤生产是稳定供应链，实现社会经济可持续发展的物质基础；但是，部分地区从区域经济发展角度考虑，过度扩展燃煤发电、煤化工项目，出现"以量补价"式的恶性竞争。如何在特别水资源约束下，协调多方利益实现煤炭资源合理的开发利用优化？如何调整治理机制将水资源承载压力传递给市场主体，以优化涉煤生产(主要指原煤开采、燃煤发电与煤化工)的规模并激励节水技术投资？这些正是本书尝试解决的问题。本书完成的研究工作如下。

① 水资源管理制度和治理机构梳理：水资源管理则以流域为单位，对流

域范围内的取水、排水、污水处理进行规定。该部分的研究以规制理论为基础，收集了近20年颁布的水资源管理政策，采用文本挖掘方法（TF-IDF+VSM,LDA）分析了水资源规制阶段的划分和对应各个阶段规制的重点及其演化，并提取当前水资源规制的重要政策。

② 水资源约束下的规制框架形成：以文本分析提取的水资源管理重要政策为基础，围绕相对重要性，展开专家访谈和问卷调查。基于DEMATEL-ISM研究分析发现：围绕构建切实可行的"水资源监管政策"，已形成战略-操作-底层驱动的三级规制框架，并且形成明确的传导路径。影响程度较大的5条规制为：水资源安全、水资源管理"三条红线"、跨流域调度、流域环境保护和取水规划。

③ 涉煤生产的需水情势分析：选择国家大型煤电基地宁东为调研对象，收集其原煤开采、燃煤发电与煤化工用水环节的需水表，以及节水技术使用情况。基于微观工业需水理论和国内外当前节水技术发展情况，获得煤炭开发利用在不同生产规模、生产工艺、技术水平下的需水定额。

④ 多重水资源规制约束下的涉煤生产企业的策略行为及其仿真：水资源约束通过多重规制传导给涉煤生产企业。从微观层面，基于演化博弈研究涉煤生产企业的行为选择过程。以非对称演化博弈理论构建异质涉煤生产企业行为模型，并以演化稳定策略分析为基础，采用计算实验和仿真，不仅能验证Evolutionary Stable Strategy(ESS)演化过程，并发现在行政惩罚和市场手段叠加作用下，涉煤厂商的行为演化趋势由惩罚程度决定。在同一惩罚情景下，弱势厂商处于劣势，其选择"合作"行为的概率高于强势厂商；在一定的惩罚范围内，水权交易产生的额外水成本将影响演化速率。

水资源约束下的煤炭开发利用是一项复杂的水事行为，涉及范围广。相关的水资源规制作为关键约束的表达，能激励生产企业实现"水友好"行为。本书在对多重水资源规制梳理、分析的基础上，建立双重规制框架，并从微观层面对涉煤生产企业的规制响应行为进行研究，据此提出政策建议。本书受教育部人文社科基金"水资源约束下的涉煤产业政策研究：机理、模型与仿真"（18YJCZH016）资助。本书在撰写过程中，还得到南京财经大学管理科学与工程学院领导与师生的帮助，特别感谢刘姣姣、于倩倩、王熙紫、贺斯文、吴筱月同学,她们以"为更美好的生态环境"为愿景,积极参与调研讨论,承担了模型仿真和文稿整理的工作,展现了管科人的理性、认真和担当;著者在写作过程中参考了大量的规范标准、文献及技术资料,在此向原作者表示衷心感谢。

本书覆盖知识范围广,涉及的政策文档与数据处理、分析工作量大,由于水平、精力与时间的约束,难免存在不足和漏误之处,恳请广大读者批评指正。

陈亚林

2022年1月于南京

摘要

中国煤炭资源与水资源在空间上呈逆向分布。富煤区域的水资源缺乏成为当地煤炭开发与利用的瓶颈;同时,高耗水的涉煤生产规模的扩张也会影响当地水资源可持续发展,进而威胁区域生态环境的可持续发展。为了避免"公地悲剧",中央、流域和地方均出台了相关规制,以期形成激励涉煤生产企业采取环境友好行为的制度框架。从自然资源禀赋层面看,富煤地区的水资源短缺和水环境恶化源于水资源供给约束;从社会经济发展层面看,多重规制下的水资源配置方案难以激励或约束涉煤生产扩张,造成了水-煤关系进一步紧张。本书从问题还原角度,围绕水资源约束下富煤区域的多重水资源规制展开研究,主要内容包括:

首先,基于文本分析的多重水资源规制梳理与分析。收集 1999—2018 年公开发布的水资源相关政策,经预处理形成语料库。在此基础上,基于词频-反文档频率(Term Frequency-Inverse Document Frequency, TF-IDF)与向量空间模型(Vector Space Model, VSM)计算年度政策文本的相似度(Similarity),据此将中国水资源规制的演化分成五个阶段;采用潜在狄利克雷分配(Latent Dirichlet Allocation, LDA)分别提取五个阶段的水资源规制主题,从多个维度分析近 20 年来中国水资源规制特点、演变趋势和设计逻辑。

其次,多重水资源规制作用机理研究。将当前水资源管理政策映射为主题分析,并展开专家访谈,获取各规制间的相对重要性,对应形成多重水资源规制的相对比较矩阵；在此基础上，将决策实验室分析（DEMATEL）和解释结构模型（ISM）相结合，计算各规制因素的影响程度、被影响程度、中心性和因果关系，建立多级递阶结构模型，清晰反映多重水资源规制的层次关系，形成涉煤生产企业在水资源约束下的规制框架。

最后，规制约束下涉煤生产企业的策略行为研究。在已构建的水资源规制框架下，考虑涉煤生产企业的内生异质性，采用复制动态方程形式化不同类型涉煤生产企业的行为策略演化，从非对称演化博弈视角，探索异质涉煤生产企业在不同规制情形下响应行为的演化稳定策略（ESS）；同时运用数值实验和仿真进一步验证、分析规制对涉煤生产企业行为的驱动。经仿真结果分析可知：以惩罚为代表的行政监管主导涉煤生产企业采取节水和污水治理行为；以水权交易为代表的市场引导手段影响涉煤生产企业响应行为的收敛速率，但是对涉煤生产企业行为趋势的影响不显著。另外，设计惩罚机制时需深入考虑异质性对涉煤生产企业响应行为的影响：弱势涉煤厂商对惩罚和水成本敏感，是"不合作"行为的跟随者，是"合作"行为的先行者；强势涉煤厂商对惩罚的承受能力更强。不同惩罚情景会导致异质涉煤生产群体期望收益差产生变化，进而驱动两类群体响应行为分化。因此，为了保持市场活力，规制机构需要通过设计差异化的惩罚，改善弱势厂商所处的市场环境。

本书在相关研究的基础上，采用文本挖掘技术完成近二十年水资源管理规制的梳理与框架分析；同时，创新性地将异质性引入涉煤生产企业的响应行为分析中，基于非对称演化博弈模型和数值仿真，分析异质涉煤生产企业规制响应行为的特点和趋势。构建的企业收益行为仿真系统可推广应用到规制约束下的企业环境行为趋势分析，辅助政府规制设计或者是其他主体进行行为决策，对水资源规制进行优化，从而为缓解富煤区域水资源与涉煤生产矛盾提供理论依据与设计思路。

关键词：水资源管理；文本挖掘；DEMATEL-ISM；异质性；演化博弈；数值实验

目录

第一章 绪论 ·· 001
  1.1 问题提出背景 ·· 001
    1.1.1 中国煤炭资源分布和涉煤生产 ····················· 001
    1.1.2 我国水资源分布的基本情况 ························· 003
    1.1.3 我国煤炭资源与水资源的空间分布特征比较 ········· 004
    1.1.4 讨论：煤炭开发利用与水资源约束 ·················· 006
  1.2 本书研究内容与技术路线 ·· 008
    1.2.1 研究内容及意义 ·· 008
    1.2.2 研究方法 ··· 009
    1.2.3 技术路线与创新点 ·· 010
  1.3 本书结构框架 ·· 012

第二章 相关研究综述 ··· 014
  2.1 环境规制界定、分类与演进 ·· 014
  2.2 水资源规制 ·· 016
    2.2.1 水资源约束与水资源规制 ···························· 016
    2.2.2 水资源规制演化 ·· 019
  2.3 基于文本挖掘的公共政策分析研究 ································· 021
  2.4 异质企业及其规制响应行为 ··· 022

	2.4.1 异质性 ······	022
	2.4.2 规制响应行为分析 ······	023
2.5	本章小结 ······	023

第三章 理论基础 ······ 025

3.1	文本挖掘简介 ······	025
	3.1.1 基于TF-IDF与VSM的文本分类过程 ······	025
	3.1.2 主题建模分析 ······	027
3.2	决策实验室分析-解释结构模型(DEMATEL-ISM) ······	028
	3.2.1 DEMATEL方法简介 ······	028
	3.2.2 ISM方法简介 ······	030
	3.2.3 基于DEMATEL的ISM改进 ······	031
3.3	演化博弈及在企业行为分析中的应用 ······	034
	3.3.1 演化博弈理论的产生与发展 ······	034
	3.3.2 演化博弈论的数学表达 ······	034
	3.3.3 一般两人对称演化博弈 ······	036
	3.3.4 一般性两人非对称演化博弈 ······	038
	3.3.5 演化博弈在企业行为分析中的应用 ······	039
3.5	系统动力学仿真 ······	040
	3.5.1 系统动力学简介 ······	040
	3.5.2 系统动力学仿真过程简介 ······	041
3.6	本章小结 ······	042

第四章 基于文本挖掘的水资源规制梳理与分析 ······ 043

4.1	中国水资源公共管理政策现状 ······	043
	4.1.1 中国水资源管理机构体系 ······	044
	4.1.2 中国水资源政策规制结构 ······	044
	4.1.3 中国水资源政策规制现状 ······	045
	4.1.4 最严格的水资源管理制度 ······	045
4.2	水资源规制分析思路 ······	048
4.3	数据收集与预处理 ······	050

4.4 基于TF-IDF值的规制主体和客体分析 ·············· 051
   4.5 基于VSM的水资源规制阶段划分 ··············· 052
   4.6 基于LDA算法提取政策文本主题 ··············· 056
       4.6.1 基本思路与参数设置 ····················· 056
       4.6.2 基于LDA的水资源公共政策主题提取与分析 ······ 057
   4.7 从规制主题到水资源管理政策 ················· 065
   4.8 本章小结 ································· 067

第五章 水资源规制传导路径分析 ···················· 069
   5.1 语义网络分析与水资源规制提取 ················ 069
   5.2 访谈调查与数据预处理 ····················· 072
   5.3 基于DEMATEL-ISM的计算分析 ················ 073
       5.3.1 相邻与综合影响矩阵 ···················· 073
       5.3.2 影响程度、被影响程度、中心度和原因度 ········ 075
       5.3.3 整体影响矩阵 ························· 076
       5.3.4 可达矩阵构建 ························· 077
       5.3.5 构建多重水资源规制的结构模型 ············· 079
   5.4 本章小结 ································ 083

第六章 涉煤生产企业高耗水环节分析 ················· 084
   6.1 煤炭开采耗水环节与定额分析 ·················· 085
   6.2 燃煤发电耗水分析 ························· 089
       6.2.1 燃煤发电用水环节分析 ··················· 090
       6.2.2 燃煤发电节水技术 ····················· 096
   6.3 煤化工耗水分析 ·························· 103
       6.3.1 煤化工用水环节分析 ···················· 103
       6.3.2 煤化工节水技术 ······················ 106
   6.4 本章小结 ································ 114

第七章 水资源规制约束下的异质涉煤生产企业响应行为分析 ····· 115
   7.1 异质涉煤生产企业对规制的响应行为模型 ··········· 115
       7.1.1 问题描述与假设 ······················· 115

  7.1.2 异质涉煤生产企业的复制动态分析 ……………………… 117
  7.1.3 演化稳定策略(ESS)分析 ………………………………… 118
  7.1.4 讨论:综合相位图与 ESS 的行为驱动特征分析 ……… 120
 7.2 计算实验与仿真 …………………………………………………… 123
  7.2.1 参数设置 …………………………………………………… 123
  7.2.2 数值实验:异质涉煤生产企业行为策略稳定点演化过程
      ………………………………………………………………… 123
  7.2.3 异质涉煤生产企业的收益演化趋势仿真 ……………… 126
 7.3 政策建议 …………………………………………………………… 131
 7.4 本章小结 …………………………………………………………… 132
第八章 结论与展望 ……………………………………………………………… 133
 8.1 主要结论 …………………………………………………………… 133
 8.2 研究展望 …………………………………………………………… 134
附录Ⅰ ……………………………………………………………………………… 136
附录Ⅱ ……………………………………………………………………………… 148
参考文献 …………………………………………………………………………… 158

第一章
绪 论

1.1 问题提出背景

1.1.1 中国煤炭资源分布和涉煤生产

中国能源资源禀赋的基本特点是富煤、贫油和少气。其中,2016年煤炭资源探明储量为15 980亿吨,占一次能源资源总量的90%以上。"十四五"期间,煤炭仍占到我国一次能源消费的一半以上,在能源消费结构中占据重要地位。

中国在地质历史上的成煤期共有14个,其中有4个最主要的成煤期,即广泛分布在华北一带的晚炭纪—早二叠纪,广泛分布在南方各省的晚二叠纪,分布在华北北部、东北南部和西北地区的早中侏罗纪以及分布在东北地区、内蒙古东部的晚侏罗纪—早白垩纪等4个时期。它们所赋存的煤炭资源量分别占中国煤炭资源总量的26%、5%、60%和7%,合计占总资源量的98%。上述4个最主要的成煤期中,晚二叠纪主要在中国南方形成了有工业价值的煤炭资源,其他3个成煤期分别在中国华北、西北和东北地区形成极为丰富的煤炭资源。

中华人民共和国成立以来,我国煤炭产量不断增加,供给能力不断提高。

从2001年开始,在国家推进煤炭市场化相关政策措施指导下,煤炭价格基本回归市场,煤炭产量由2001年的11.06亿吨快速增加到2005年的21.51亿吨;到2009年,中国年产煤量已经突破30亿吨;2013年达到煤炭产量的顶峰39.74亿吨。此后受煤炭市场及国家去产能政策的影响,煤炭产量持续减少,2018年煤炭产量36.8亿吨。

改革开放40多年来,全国煤矿数量由20世纪80年代最多的8万多处减少到2018年的5 800多处,平均单井规模由不足10万吨/年增至90万吨/年以上。煤炭企业生产集中度由2005年的23.3%增至2018年的40.41%。近年来,随着大型煤炭企业、大型现代化矿井建设稳步推进,2018年全国产量亿吨级煤炭企业增加至7家,总产量14.03亿吨,占全国煤炭产量的38.13%,千万吨级企业产量占全国比重为68.23%,年产120万吨及以上的大型现代化煤矿达到1 200多处,产量占全国的80%以上。

我国煤炭资源分布不均,煤炭资源与地区的经济发达程度、水资源分布程度均呈逆向分布,总体表现为西多东少、北富南贫。中西部地区煤炭保有资源量占全国的近九成,而经济发达的东南沿海地区则为我国贫煤区(孙杰等,2017)。煤炭资源综合区划研究是我国制定煤炭工业政策的重要基础,我国现有的煤炭综合区划主要有四种方案:一是第三次煤炭资源预测与评价时提出的"五大赋煤区和七大规划区"划分方案(毛节毕,1999);二是魏同等(1995)提出的"三带七区"划分方案;三是最新一次"全国煤炭资源潜力评价"提出的"三带六区"划分方案(中国煤炭地质总局,2011);四是田山岗等(2006)提出的"井"字形区划方案。

近年来,我国经济发展进入新常态,经济增速已转向中高速增长,能源结构调整步伐加快,煤炭消费比重将不断下降,煤炭工业发展形势也正在发生重大变化。根据国家能源局关于我国煤炭工业发展"控制东部、稳定中部、发展西部"的总体要求,"十三五"期间,东部地区原则上不再新建煤矿项目;中部地区(含东北)保持合理开发强度,按照"退一建一"模式,适度建设资源枯竭煤矿生产接续项目;西部地区加大资源开发与生态环境保护统筹协调力度,重点围绕以电力外送为主的大型煤电基地和现代煤化工项目用煤需要,在充分利用现有煤矿生产能力的前提下,新建煤矿项目。

我国煤炭资源赋存丰度与地区经济发达程度呈逆向分布的特点,使煤炭基地远离了煤炭消费市场,煤炭资源中心远离了煤炭消费中心,从而加剧了远距离输送煤炭的压力,带来了一系列问题和困难。随着今后经济高速发展,用煤量日益增大,加之煤炭生产重心西移,运距还要加长,压力还会增大。因此,运输已成为而且还将进一步成为制约煤炭工业发展,影响当地国民经济快速增长的重要因素。

1.1.2 我国水资源分布的基本情况

我国水资源总量位居世界第六,但人均占有水资源量仅2 200立方米,仅为世界平均水平的1/4,耕地亩均占有水资源量为1 440立方米,约为世界平均水平的1/2。此外,我国水资源空间分布也不平衡。目前我国水资源主要靠降水来补充,但中国地域辽阔,降水分布受气候和地形地貌影响十分明显。

我国受大陆季风气候影响的东部地区降水相对丰富,而在西北内陆所处的非季风区就干旱异常,那里的面积虽然占全国的一半,但降水总量仅占全国的9%,而水资源总量更是不足全国的5%。从地形分布上看,降水分布明显受西高东低的三级阶梯状地势影响,呈现从西往东逐渐递增的趋势。降水分布的南北差异也十分明显:以秦岭—淮河为界,南部亚热带季风气候区降水充沛,而北部温带季风气候区降水明显偏少。

另外,北方地区的降水随时间的分布极不均匀。一年中62%的降水都集中在夏季,汛期(6—9月)的降水占全年75%以上。海河流域降水在年内分布的集中程度最高,汛期4个月降水量占到其全年降水的79%~84%,且降水年际变化也大,海河流域最大年降水量一般是最小年降水量的5倍左右。降水的年际、年内剧烈变化,给防洪和水资源利用带来了很大的难度,使本来就有限的水资源更难被充分有效地利用。

近30年来受自然因素和人类活动的影响,我国水资源量发生了一定的变化,尤其是21世纪以来,北方地区水资源量显著减少。2001—2009年多年平均值与1956—2000年多年平均值比较,全国降水减少2.8%,地表水资源量和水资源总量分别减少5.2%和3.6%。其中海河流域最为明显,降水减少9%,地表水资源量减少49%,水资源总量减少31%。而近30年正是我国经济快速发展的时期,对水资源的需求也迅速扩大。虽然我国水资源总量十分丰富,但可开发利用的水资源量不多,而生活、工业、第三产业对水的需求与日俱增,水环境状况日益恶化,造成了我国水资源短缺,许多城市已出现自身水资源无法承载社会经济发展的状况。由于幅员辽阔,水资源在时空分布上呈现很强的不均匀性,水资源短缺已成为制约我国社会经济发展的瓶颈。特别是我国水资源的分布与人口、耕地、矿藏资源和经济规模的分布形成了极大的反差,北方地区的水资源已经不能支撑其经济持续健康的发展,困境日趋明显。

1.1.3 我国煤炭资源与水资源的空间分布特征比较

据初步统计,我国北方17个省(自治区、直辖市)的水资源总量,每年为6 008亿立方米,占全国水资源总量的21.4%,地下水天然资源量每年为2 865亿立方米,占全国地下水天然资源量的32%左右。北方以太行山为界,东部水资源多于西部地区。例如,山西、甘肃、宁夏3省(自治区)的水资源量仅占北方水资源量的7.5%,地下水天然资源量仅占北方地下水天然资源量的8.9%。这3个省(自治区)及其周边的陕西、内蒙古和新疆,年降雨量多在500毫米以下,还有一些地区不足250毫米,加之日照时间长、蒸发量大,水资源十分贫乏。据山西井坪气象站资料,晋北平朔矿区一带,1957—1992年平均降雨量为426.2毫米,年平均蒸发量为2 239.0毫米;据陕西神木气象站资料,陕北神府矿区一带,枯水年降雨量仅有108.6毫米(1965年),丰水年降雨量为819.1毫米(1967年),多年平均降雨量为435.7毫米(1957—1991年),多年平均蒸发量为1774.1毫米(1978—1990年);据内蒙古气象台1951—1980年资料和内蒙古东胜气象站1981—1993年资料,东胜矿区一带,年平均日照时间为3 044~3 186小时,历年平均降雨量为281.2~401.6毫米,历年平均蒸发量为2 082.2~2 535.0毫米。可见该地区年蒸发量均超出年降雨量的4~5倍以上,属于典型的干旱或半干旱严重缺水地区。截至2015年底,山西、陕西、内蒙古及宁夏4省(区)煤炭保有资源储量11 824.51亿吨,占全国的60.39%,煤炭资源储量首屈一指,是我国主要的煤炭供应区。这些地区含煤地层主要以石炭-二叠系山西组、太原组为主,其次为侏罗系延安组。区内构造简单,地层平缓,煤层厚度大,水文地质条件较为简单,煤质优良,是我国主要的优质动力煤、炼焦用煤、无烟煤产地。但区内水资源短缺、生态环境脆弱、水土流失严重,煤炭的大规模开采更加剧了环境的恶化,因此应在保护好生态环境的前提下,合理开采煤炭资源,以保障煤炭供应的稳定。

综上所述,我国煤炭资源与水资源在空间上呈现逆向分布特征:我国水资源比较贫乏,且地域分布不均衡,南北差异很大。以昆仑山—秦岭—大别山一线为界,以南水资源较丰富,以北水资源短缺;与此相反,西北部的山西、陕西、内蒙古、新疆、宁夏却蕴藏着丰富的煤炭资源,不仅数量多,而且埋藏相对较浅,煤质好,品种齐全,是我国现在和今后煤炭生产建设的重点地区,也是我国现在与未来煤炭供应的主要基地。

当前煤炭在开发利用过程中,产业发展与水资源环境承载力之间的矛盾非常突出,以以上省(自治区)为例,其主要表现如下。

(1) 水资源总量不足,生态脆弱,水污染严重。区域人均水资源量和耕地亩均水资源量低,植被稀疏、风蚀沙化和水土流失严重,生态环境脆弱,水资源涵养能力、河流纳污能力差。随着能源化工基地建设和城镇化发展,人口与污染物还在不断增加,水污染形势严峻。

(2) 水资源开发利用程度高,局部地区水资源过度开发。2009年宁蒙陕能源基地供水总量99.29亿立方米,占自产水资源总量的比值为135%;全区消耗水资源总量63.0亿立方米,耗水量与多年平均可开发利用水资源量的比值为92.8%。其中,地表水供水量80.5亿立方米,消耗地表水资源量48.4亿立方米;地下水供水量18.3亿立方米,占地下水控制开采量的84.84%。鄂尔多斯已存在10处地下水超采区,超采体积共计约600×10^3立方米;银川市漏斗面积达到450平方千米。区域水资源开发利用程度高,其中,内蒙古和宁夏总体上处于过度开发利用状态。

(3) 水资源供需矛盾突出,经济社会发展受到水资源不足的制约。根据《黄河流域水资源综合规划(2012—2030年)》成果,现状全区缺水量约11亿立方米,有100万亩*有效灌溉面积得不到灌溉,灌区实灌定额偏低,个别城

---

* 1亩≈666.67平方米

市及部分乡村供水困难。由于受到水资源总量不足及黄河分水指标限制,本区水资源供需矛盾日趋突出。如鄂尔多斯市提出新增取水申请的项目需水量约5亿立方米,水权转换用水指标只能满足部分能源工业项目用水,而另一部分新增能源化工项目由于没有取水指标而无法立项,还有部分工业园区和工业项目由于水量供给不足而迟迟不能发挥效益。因此本区资源优势转化为经济发展优势受到水资源不足的制约。

(4) 水土流失严重,尚未得到有效治理。该区水土流失严重,治理任务艰巨,资源开发与生态环境保护的矛盾尖锐,流域内煤炭等矿产资源开采、能源化工基地建设等造成的人为水土流失十分突出。虽然建设项目实施了水土保持方案,但治理标准低、监管能力不足,边治理、边破坏现象时有发生。此外,陡坡开荒、毁林开荒、破坏天然植被等人为造成的水土流失有待进一步实现有效控制。

(5) 水资源管理工作亟待加强。因本区域水资源紧缺,而各省区间又缺乏协商机制,造成本区域上下游用水矛盾和争水现象突出。目前该区"多龙管水"现象仍存在,水资源统一管理机制亟待建立。各地方政府在制订经济社会发展规划时,未充分考虑水资源制约条件来确定发展指标。此外,由于水资源费和水价较低,不利于水资源节约,企业自备井较多,地下水无序开采问题也较为突出。

1.1.4　讨论:煤炭开发利用与水资源约束

在当前的"双降"背景下,煤炭仍旧是我国的主体能源,占一次能源消费总量的近52.4%。煤炭作为主要的能源消费品之一,是众多工业及再生能源的基础。主要的耗煤行业包括电力工业、冶金工业、建材工业和化工行业。其中,电力行业用煤是动力煤消费中最主要的部分,冶金行业用煤量逐年上升,化工和建材行业动力煤需求量保持平稳。

上述涉煤生产的行业中,原煤洗选、燃煤发电和煤化工的耗水量巨大。其中,采煤产业的用水可以分为井上生产用水、井下生产用水与生活用水。井上生产用水主要包括选煤用水、矸石山冲扩堆用水、机械设备冷却用水、绿化用水、道路洒水等,其中选煤用水是采煤产业的用水大户。井下生产用水主要包括防尘洒水、设备冷却水、防火灌浆用水、矿井冬季保温蒸汽用水等。生活用水部分主要包括矿区办公楼用水、生活区用水、活动区用水以及矿区周围居民用水。煤炭开采产业属于煤电基地上游产业链，国家对煤炭采选业的用水量进行了定额限制，各省（自治区、直辖市）结合当地实际，对本省（自治区、直辖市）煤炭采选业的用水定额值进行限定。火力发电厂根据燃料种类、装机容量和机组参数等可以有不同的分类，而在每类电厂中又可采用不同的冷却技术和用水工艺，故没有统一的生产过程，但它们的运行都无一例外地需要水的参与。煤化工项目主要是通过煤气化产出合成气，将合成气经变换、脱酸等工序后，进一步合成最终产品。从用水点分析，主要包括冷却水系统补充水、除盐水补充水及生活和市政杂用直接用新鲜水。

由于"富煤、贫油、少气"的资源禀赋特点，煤炭是中国重要的能源和工业原料。目前，中国处于产业结构升级的重要阶段，虽然能源效率不断提高，但是能源消耗总量仍然呈逐年上升趋势。2019年，燃煤发电量占全国发电量比例仍高于50%，中国能源资源禀赋特征和能源项目的锁定效应（Locked-in Effect）共同决定以"去煤化"为主要途径的能源结构调整还将经历较长过程（崔晶，2018）；另外，以煤炭为主要原料的煤化工行业，由于历史上"三高一低"问题严重，大量产能无法释放，在《能源发展"十三五"规划》中对其产能进行控制，行业建设重点放在示范性项目的技术升级。2016年以来，在高油价、技术革新加快的背景下，规制导向回暖，行业景气度有望回升。涉煤生产主要包括原煤洗选、燃煤发电、煤化工三种形式，均存在高耗水的生产环节。考虑到水资源与煤炭资源的逆向空间分布特征，粗放、过度的涉煤生产将给区域水资源系统造成极大压力，威胁区域生态环境的可持续发展。

中国水资源管理主要以流域为单位，煤炭开发利用项目则由地方和发改委系统主导，造成"多龙争水"现象在部分煤电基地仍然存在。即使在经济增速放缓，环境治理强度加大，遏制煤炭消费的相关规制相继出台，煤炭消费需求疲软的背景下，仍有部分地区出现涉煤生产企业盲目扩大产能，使煤炭市场长期呈现供大于求的局面，且这种紧张供求关系愈演愈烈。"以量补价"式的恶性竞争策略也进一步加大了市场失衡。涉煤生产企业的此类环境行为势必影响水资源系统，乃至生态系统的可持续发展。为积极应对我国水资源面临的严峻形势,2012年1月,国务院发布了《国务院关于实行最严格水资源管理制度的意见》,这是自2011年实行最严格水资源管理制度以来,对当前和今后一个时期水资源工作最具有指导性意义的纲领性文件。2013年1月2日,国务院办公厅发布《实行最严格水资源管理制度考核办法》,同年12月17日,水利部公布《关于做好大型煤电基地开发规划水资源论证工作的意见》,要求富煤地区生产建设应"量水而行"。实行最严格水资源管理制度是中国应对水资源严峻形势的现实选择,是转变用水方式,促进科学发展的根本要求,是提升水资源管理水平的迫切需要。国家明确提出实施国家节水行动,建立水资源刚性约束制度。这是党中央自2011年提出实行最严格水资源管理制度之后,针对水资源、水生态、水环境存在的突出矛盾,结合我国水资源的新形势、新变化、新情况,再次提出的新要求。

综上所述,水-煤资源的空间逆向分布,经济社会发展与水资源可持续发展的叠加需求,让有效的水资源规制成为解决问题的核心。党的十九届四中全会通过的《中共中央关于坚持和完善中国特色社会主义制度 推进国家治理体系和治理能力现代化若干重大问题的决定》中明确提出:"实行资源总量管理和全面节约制度。健全资源节约集约循环利用政策体系。"水资源规制不仅引导涉煤生产企业合理控制生产规模,而且激励企业增加节水、治污投资。明确宏观规制框架,研究企业微观响应行为,是提高水资源规制有效性的重要前提。

1.2 本书研究内容与技术路线

1.2.1 研究内容及意义

由于自然资源禀赋结构的特点,中国难以实现完全"去煤化"生产。在区域水资源可持续发展的前提下,以有效水资源管理为核心思想的相关规制,包括强调水资源的公共性、对水资源实行流域管理、实行取用水许可等制度手段,引导涉煤生产企业做出环境友好的经营决策。

因此,为全面深入评估水资源规制的效果,本书在利用文本挖掘技术对水资源管理规制进行梳理的基础上,对其演变趋势及潜在关键点进行总结与评价,为制定科学合理的政策规制提供结构化的理论依据与技术方法;同时,通过多重水资源规制的传导路径,探寻涉煤生产企业行为与政策规制的交互机理,随后基于演化博弈模型形式化有限理性、异质涉煤企业主体,在不同惩罚机制下的行为,采用稳定性判据分析涉煤市场的稳定性;建立仿真系统,基于演化博弈分析成果仿真涉煤生产主体在不同规制情景下的行为过程与收益趋势,据此进行有关涉煤产业的行为响应评价与分析。本研究的理论研究意义在于通过以上研究,不仅可以丰富有关水资源管理的研究内容,为政策规制领域提供定量研究的理论基础,还可以为资源约束下的规制传导路径、机理分析与评价提供框架、模型与仿真思路。

水资源规制约束能有效推动企业内部资源优化配置,提高节水投资效果,降低水耗。同时该约束下的动态惩罚机制作为连接外部水资源约束与企业行为选择决策的纽带,可以通过系统仿真科学预见政府规制的实施效果,提高相关环境规制的可实施性,优化顶层设计。因此,宏观层面上,该约束有利于优化产业规制,而微观层面上对引导涉煤生产者行为,有效规避水资源成本大幅波动引致的市场风险,控制涉煤生产规模、激励节水技术投资,促进资源优化配置等方面有积极作用。以上为本书的现实研究意义。

1.2.2 研究方法

(1) 文本挖掘

采用文本挖掘的方法,对水资源管理规制文本进行自然语言处理,借助Python语言对获取的数据进行规范化,其中包括使用TF-IDF的统计方法获得词项关键词。利用向量空间模型(VSM)对其进行聚类,随后基于潜在狄利克分配算法提取规制文本的主题,对比不同阶段文本主题的差异,并进行分析。

(2) 演化博弈理论建模

通过规范的数学模型方法描述涉煤企业在政府规制下的响应行为,运用对现实问题具有更强解释力的演化博弈理论,将若干外生规制因素引入涉煤市场企业博弈模型中,用以考察该博弈演化过程中影响行为策略稳定性的因素,揭示涉煤生产企业与规制主体以及涉煤生产企业间的相互作用机制。

(3) 计算实验仿真方法

根据博弈论可知,当参与主体的目标函数和策略空间为各主体的共同知识,可通过建立多层优化模型,求得解析解作为博弈均衡策略。如果上述条件不完全满足,特别是主体在有限理性下,不同主体的反应行为就需要通过模拟仿真实验得到,因此本项目需要运用计算仿真实验方法获得博弈均衡收敛的趋势以及对应的行为策略。本研究将水资源约束条件内化为企业收益函数中的参数,分析了涉煤生产过程中产生的水成本、不同规制惩罚对涉煤生产群体的行为影响。

1.2.3 技术路线与创新点

由于我国富煤区域存在水-煤矛盾问题,选取水资源约束下的规制和涉煤生产企业的行为作为对象,结合 DEMATEL-ISM 对规制传导路径进行分析,借助系统动力学模型对涉煤生产群体行为形成机制和演变轨迹进行仿真,过程中借助文本挖掘技术对水资源规制主题进行提取,并形成宏观依据。据此,本书的研究过程按照背景梳理—规制路径分析—建模仿真分析—总结的逻辑顺序展开。技术路线框架图如图 1.1 所示。

从图中可以看出,本研究基于区域水-煤矛盾的现实背景,参考大量文献资料以确定本书研究的落脚点。首先根据中国已形成的水资源规制,采用文本挖掘技术对规制主题进行提取和分析,处理过程包括通过 TF-IDF 获得水资源规制的关键词,并运用向量空间模型(VSM)对时序文本规制进行相似性度量,形成清晰的文本分类结果,针对每一阶段的文本集合借助 LDA 算法及相应可视化手段对规制主题演变进行总结。其次进一步梳理形成重点水资源规制形式,借助 DEMATEL-ISM 对传导路径进行分析。以上从宏观层面对水资源规制进行处理,为从微观层面对涉煤生产企业行为响应分析提供了约束依据。针对涉煤生产企业的收益差趋势采用系统动力学的方法进行仿真,进一步佐证政府规制下异质涉煤生产企业群体合作的形成机制和演进规律,最后总结本书的主要结论并对政府产业规制的实施提出建议。同时,本书研究成果对制定涉煤企业政府组合规制和涉煤企业在水资源约束下确定

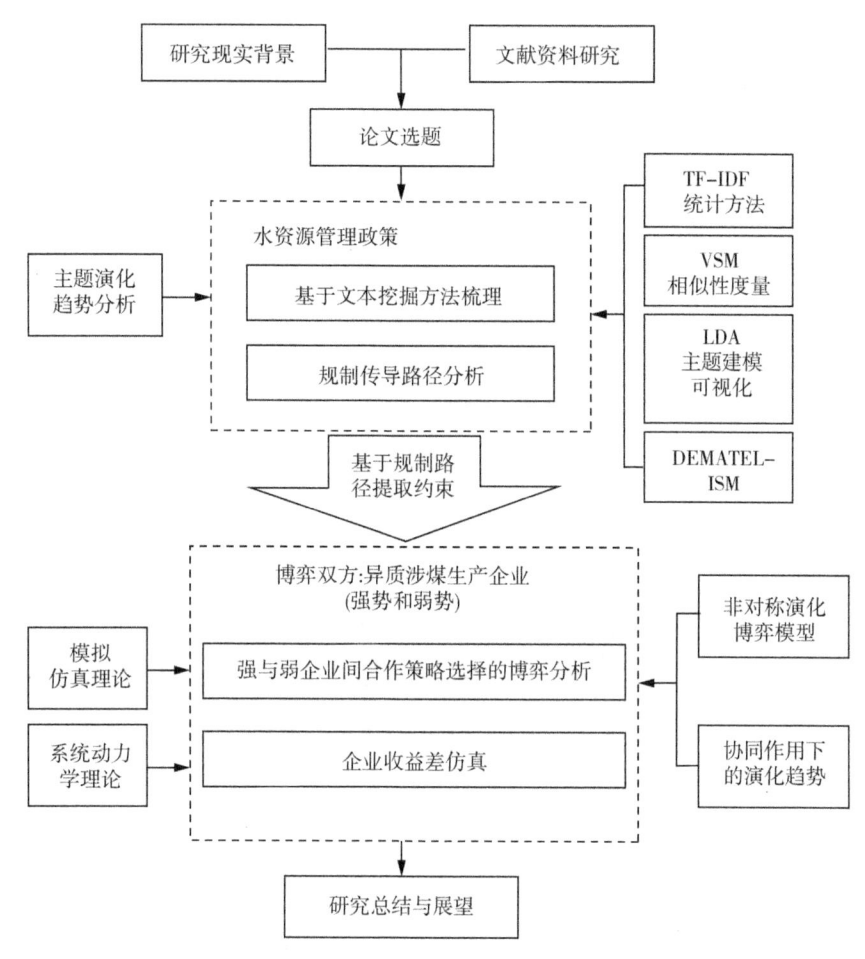

图 1.1　技术路线框架图

产量与节水投资提供了理论与技术支持。

研究过程中通过文本挖掘和 DEMATEL-ISM 结合实现对水资源规制的传导路径与交互机理进行分析，为清晰解读涉煤生产企业所处制度环境提供理论依据。同时，将异质性引入涉煤生产企业的响应行为分析，提出不同类型涉煤生产企业行为策略特征，为差异化水资源规制提供依据，此为本书的理论创新之处。本书所构建的企业收益行为仿真系统可推广应用至规制约束下的企业环境行为趋势分析，辅助政府规制设计或者是其他主体进行行为决策，此为本书工作的应用创新之处。

1.3 本书结构框架

高耗水涉煤生产企业所受水资源约束,主要源于水资源规制。本书根据近20年来我国公开颁布的水资源公共政策,梳理水资源规制框架的演化,阐明当前涉煤生产企业所受规制。以该规制约束下的涉煤生产企业行为作为研究对象,从宏观规制约束出发,探讨微观层面涉煤生产企业环境行为及其驱动因素。本书结构如下:

第一章为绪论。重点阐述了目前中国水资源及涉煤生产的空间分布矛盾,引出本书研究的意义为缓解富煤地区水环境所面临的危机,优化规制设计,激励环境友好行为;根据已有研究分析,形成技术路线,简单介绍研究方法和本书框架。

第二章、第三章为相关研究综述和理论基础。主要包括:综述本书所涉及的相关研究;介绍后续研究所采用的演化博弈理论主要概念和数学推演的过程,为最后从仿真建模的角度,构建基于软件平台的二维对称和非对称涉煤生产企业的合作仿真模型作铺垫;分析政策梳理所采用的"文本挖掘"工具的相关概念、过程与应用;简单介绍系统动力学仿真。

第四章为基于文本挖掘的水资源规制梳理与分析。本章对近20年我国的水资源管理政策进行预处理,形成文本分析语料库供后续文本分析使用。主要包括:基于TF-IDF计算文本相似性,获得水资源管理政策的阶段划分与阶段特点;基于隐含Dirichlet分布算法,提取不同阶段的政策主题,从多个维度分析不同阶段主题差异,发现水资源政策设计背后的逻辑演化,并提出当前水资源规制特征。

第五章为水资源规制传导路径分析。根据文本分析所获当前主题,形成语义网络,据此组织为当前水资源规制系统,调查访谈结合DEMATEL-ISM,形成当前水资源规制的传导路径,得出水资源约束下,驱动涉煤生产企业政策的表达形式,为研究微观企业行为演化轨迹提供规制约束框架。

第六章、第七章为涉煤生产企业高耗水环节分析和水资源规制约束下的异质涉煤生产企业响应行为分析。根据调研与文献分析,对当前煤炭开发利用过程中涉及的高耗水环节进行分析,探讨企业主体技术节水的可能。运用非对称复制动态模型形式化水资源规制下异质涉煤生产企业的规制响应行为。比较不同惩罚情景下,异质涉煤生产企业选择的演化稳定策略,并采用计算实验和仿真验证异质涉煤生产企业的响应行为收敛过程,并分析其行为驱动因素,据此提出规制设计的建议。

第八章为结论与展望。总结本书所做工作与主要结论,针对研究方法的改进和研究范围的扩大,提出未来的研究方向。

第二章
相关研究综述

2.1 环境规制界定、分类与演进

"规制"一词由英文词汇 regulation 或 regulation constraint 翻译而来,我国学术界常用的另一译法为"管制",是指政府对私人经济活动所进行的某种直接的、行政性的规定和限制。"环境"为人类提供生存、发展的自然物质条件,环境中的公共资源包括:空气资源、水资源、土地资源、森林资源、湿地资源、矿产资源、海洋资源等。在国家或地区范围内,在法律上其所有权由全体社会成员共同享有。考虑到公共资源的共用性、竞争性、稀缺性、不均衡性及整体性,为了避免"公地悲剧",不同类型组织或个人以实现环境可持续发展为目标,尝试进行环境行为规制。水资源作为环境资源的重要组成部分,其可持续发展受到学界的关注。本节将简述环境规制、水资源规制及其设计的相关研究。

对于环境规制的含义,学术界的认识经历了一个过程。起初主流研究认为环境规制是政府以非市场手段,直接干预环境资源利用,主要形式包括:禁令、非市场转让性的许可证制等。随后,补贴、环境税等措施被用于激励环境友好行为,学术界便将环境规制的内涵扩展为政府对环境资源利用直接和间接的干预,外延上除行政法规外,还包括经济手段和利用市场机制政策等。

20世纪90年代以来,以生态标签、环境认证和自愿协议为特征的共识性环境行为约束,进一步扩展了环境规制外延,增加了自愿型环境规制。从环境规制所涉及的主体、对象、目标、手段和性质五个维度,总结环境规制定义的变化如表2.1所示。

表2.1 环境规制内涵界定及其演化

规制含义 Meanings of regulation	规制目标 Objective of regulation	规制提出主体 Subjects of regulation	规制对象 Objects of regulation	规制工具 Means of regulation	规制性质 Nature of regulation
最初含义	环保	国家	个人和组织	命令控制型	约束性
第一次扩展	环保	国家	个人和组织	命令控制型环境规制、以市场为基础的激励型	约束性
第二次扩展	环保	国家、企业、产业协会等	个人和组织	命令控制型、以市场为基础的激励型、自愿型	约束性

由表2.1可知,环境规制是建立个体或组织等主体的决策行为框架,以实现环境保护的目标。环境规制的实质是约束性,通过有形制度或无形意识形成对主体行为选择的约束性。其中,命令控制型环境规制是指立法或行政部门制定的法律、法规、政策和制度,旨在直接影响决策主体做出利于环保的选择,主要工具包括:环保标准、规范和企业必须遵守的技术规定等。环境影响主体对于命令型规制几乎没有选择权,否则将面临严厉的处罚。命令控制型环境规制有助于环境迅速、可测量的改善,但对政府监管水平要求高,执行成本较高。对企业主体而言,刚性的命令控制型环境规制可能会损害企业效率,抑制企业技术创新的积极性。以市场为基础的激励型环境规制是以市场机制设计为基础,通过市场信号引导企业的环境友好行为,实现环境的可持续发展。属于该类型的工具包括排污税费、使用者税费、产品税费、补贴、可交易的排污许可证、押金返还等。以市场为基础的规制方式下,经济主体将获得一定程度的选择或行动的自由,但在市场体系不健全时,排污税、补贴和可交易的排污许可证等工具无法有效地发挥作用;此外,经济主体对上述工具的反应存在时滞。赵红(2011)指出环境规制是为了解决环境污染所带来

的负外部性,政府或社会公共机构采取地对微观经济主体的约束性行为,进一步通过改变微观主体的行为决策以及市场资源配置方式,来实现保护环境和发展经济的"双赢"局面。崔远淼等(2014)更强调环境规制的法律性和强制性,认为环境规制是环境保护法的延伸或者执行过程。

2.2 水资源规制

2.2.1 水资源约束与水资源规制

社会经济系统的发展离不开水资源系统的支撑。水资源约束是指在特定时间和空间范围内,水资源短缺对社会经济系统产生了约束作用,造成社会经济发展速度减缓,从而达不到区域发展的预期目标。随着经济的发展与人民生活水平的提升,对用水量与水质的要求不断提升,但可用水资源量有一定的限度,需求与供给之间的矛盾日益尖锐。

由于水资源与煤炭资源空间逆向分布,富煤地区水资源约束对当地涉煤生产发展形成制约,主要表现为水质的生态性约束和水量的功能性约束。富煤区域以涉煤生产作为支柱产业的经济增长模式与区域主体主导生态功能的矛盾,尤其是突破水资源约束的变化威胁着未来区域环境的可持续发展。由于水资源是公共产品,为避免"公地悲剧"的发生,政府作为规制主体,在市场机制缺乏或失灵情况下需要进行水资源的规制设计。富煤地区的涉煤生产企业面临的水资源刚性约束,是指该约束是"不能改变或通融的",涉煤生产企业需要根据水资源的禀赋条件,将产量严格限制在某一范围内或投资节水、污染治理设备。根据环境规制内涵分析可知:为了落实水资源刚性约束,相关管理部门以协调经济社会发展与保护水资源两者的均衡发展关系为目标,需通过规制进一步规范、纠正涉煤生产企业行为。Gao 等人(2019)的研究结果还表明,嵌入能源产品的虚拟水数量不断增加,并从中国北部和西部缺水地区流向东南部富水地区,导致主要能源生产地区严重缺水,单靠节水措施不足以缓解水资源短缺和保障水安全,还需要采取综合对策,包括调整产业结构、水的实物转让、监管虚拟水贸易以及政策和规划的变化等。

综上所述,有效的水资源规制是缓解水资源约束的前提。水资源规制是政府对水资源勘查、开发、利用、经营和保护等行为的约束,包括了两层含义:一是对水资源的基础管理(法律规制、规划规制、标准规制),对水资源进行权威性价值分配的一系列政治的、经济的、文化的行为指导;二是以行政命令(环境惩罚、环境绩效评价)与市场引导(水权市场建立、交易规则制定)为工具对区域经济和社会发展的调控。水资源规制的内容主要涉及水供给、水需求、水质、水安全和水生态几个方面。目前,中国水资源规制主要呈现为两种形态,包括命令控制性和经济激励性规制体制,前者主要是指政府要求企业必须采取措施,比如加大水污染控制设备投入等,后者是指政府为企业采取有利于环保的行为提供经济激励,比如环境税制度和排污交易市场制度等。

为了优化水资源规制,可以将案例、定量和仿真分析方法用于研究水资源规制设计。比如,崔晶(2018)基于地方水资源跨域治理的视角,分别从中央-地方关系,国家(政府)-社会(民众)关系两条国家治理线索出发,通过考察近现代微山湖地区水域划分和山西通利渠水权之争两个水资源治理案例,探讨了中国国家治理结构"自上而下"和"自下而上"的多元主体双向多重构建过程,提出在水资源跨域治理过程中,既有从中央到基层的疏放式管理,也有从基层到中央的顺势利用;既有从中央到地方政府最终决定权的保留和中央权威对基层社会的渗透,也有地方政府与基层社会对中央权威的调整适应。通过案例研究可知,水资源治理的双向多重构建过程体现了中国政治制度发展的历史连续性,也为未来中国国家治理的创新性发展提供了有益的启示。马壮(2019)通过对扬州市各地水资源管理情况的调研,以可持续发展理论和绩效管理理论为基础,运用文献研究法和案例分析法对扬州市水资源双控管理问题进行了研究和分析,总结了扬州市为了落实最严格水资源管理制度,实施水资源消耗总量和强度双控行动,推进当地水资源双控管理的良性发展的措施。

定量分析方法有助于厘清系统运作机理,寻求助力水资源可持续发展的对应规制。李玉文(2012)定量研究了社会资本对流域水资源管理的作用机制。田贵良等(2020)通过建立产权交易协调跨界水资源冲突的非完全信息贝叶斯演化博弈模型,提出了促进水权交易顺利进行,以化解水资源冲突的两种途径:(1)降低上游区域和下游区域的交易成本;(2)提高上游地区的用水效率并减少交易双方的信息不对称。该研究为跨界水事冲突问题的解决提供一种新的思路。孙冬营等(2014)采用流域水资源分配的二次配置模型,在流域水资源初次分配当中考虑公平,建立基于用水主体需求的水资源分配优化模型,使得各主体需水量和分配水量的离差平方和最小,并得到初始水资源分配结果;在流域水资源二次分配当中考虑效率,建立流域水资源二次分配的模糊联盟合作博弈模型以最大化流域整体收益,并将由合作带来的流域整体收益的增加部分采用模糊夏普利值的方法分配给参与模糊联盟的各个用水主体,同时使得流域水资源得到有效再分配;最后,将上述流域水资源二次分配模型运用到一个算例当中,验证了模型本身的有效性和适应性。杨永利(2020)根据辽河流域8个市县统计数据,建立水资源环境和城市化两大系统评价体系,依据耦合协调和灰关联理论探讨两系统之间的作用机理,并利用Jenks分析法对协调度时空变化特征进行研究,结果表明:辽河干流水资源与城市化两系统之间的耦合协调度从0.64上升至0.91,总体表现出良性发展趋势;改变水环境的主要指标为水资源本底条件,其主要强迫因子包括人口规模、科技实力、人口结构;约束城市化水平的主要因素有环境压力和供水设施,各城市经济发展模式与系统交互驱动机制存在较大关联。

采用系统仿真有助于以较低成本、显性地验证、优化水资源规制。李玲等(2018)运用系统动力学模型构建了重庆水资源承载力模型,并以水资源供需平衡作为前提条件。郭倩等(2017)为了得到环境指标对水资源承载力的影响程度,基于DPSIRM框架建立评价水资源承载力的指标体系,采用模拟退火算法求解。王晟(2018)以杭州市主城区及下辖县、市、区为水资源承载力的评价对象,以水质和水量作为该评价体系中的指标,定量化分析杭州当地水资源承载力超出的成因。段思营等(2017)基于水质-水量优化模型对吉林省辽源市的水资源优化配置问题进行探究,在包含化学需氧量(COD)与氨氮等水质因素的情形下,分析以水质、水量为因子的水资源承载力是否可以降低水资源消耗,减少水环境污染。陈亚林等(2018)分析了宁夏地区水资源承载系统的组成,以水资源承载系数为核心,基于系统动力学建立了当地水资源承载动力学仿真模型,并在无政策、多政策激励两种情景下,仿真宁夏当地的农业、工业、生态与居民生活的水资源需求变化,推导不同政策情景下的水资源承载力系数变化。由结果分析可知:在"十三五"期间,当地的社会经济发展目标应注重"协同",才能实现水资源可持续发展。李娟芳等(2019)采用定量的方法对洛阳市的水资源承载力进行预测,以对当地人口的影响为特征性指标,考虑水资源的供应与需求,从水质、水量、水生态等方面进行指标评价体系的建立。

2.2.2 水资源规制演化

学界对于资源规制的研究主要集中于设计最优的规制政策以及分析规制政策背后的社会经济后果。陈华红等(2007)提出水价在水资源配置中具有导向作用,应建立市场机制,明确水资源经济价值,促进水资源合理配置。陈明等(2018)根据2006—2015年间水环境规制相对效率,分析了政府、企业与社会公众三方博弈的纳什均衡点。结果表明:政府主导的水环境治理投资已无法满足污水处理需求;加大对企业污水排放的规制和水环境监管部门对违规行为的惩罚情景可弱化利益集团博弈对水环境规制的影响。张莉莉(2014)指出水资源管理法律规制的变迁动因包含主观和客观两个方面,应构建多主体共同治理的水资源治理模式的规制体系,注重集权与分权的平衡。

杨进怀等(2007)指出流域机构存在权力、体制和政策上的弊端,如缺乏合理水价体系、忽视推广节约用水等,并提出水资源管理的发展趋势为大系统、多目标、多级优化的综合管理。随着经济发展方式的逐步转变,公众环境意识的增强,水资源规制也与时俱进进行了调整。2011年,"最严格水资源管理制度"提出水资源管理的"三条红线"及其后续推进工作,说明水资源管理已进入一个全新的阶段。左其亭(2013)剖析了"三条红线"和"河湖水系连通战略"内涵,介绍了和谐论理念、量化方法及其在水资源管理中的应用,为水资源管理工作给出了建议。

刘建国等(2012)认为当前水资源制度的落脚点与水资源规制绩效存在偏差,通过对绩效评估及影响绩效因素的提取和分析,提出可借助文本挖掘技术对其实施进一步的探究。郑方辉等(2009)根据对政府绩效的认识,整合中国取水许可和水资源征税规制,对制度实施效果和规制落地情况进行了综合性评价。宋国君等(2007)以污染物的产生、排放、扩散和治理为逻辑主线，反向推导与评估，分析了当前水资源环境规制中存在的问题与不足。徐志刚等(2004)经过对黄河农业用水灌溉区域水资源管理制度的分析，评估制度对当地用水效率的影响，发现如果存在有效的激励手段，则会对管理制度效用的发挥起重要支撑作用。

人类对流域生态系统演变过程中的水文学与社会学机制的认知，诱发了世界水管理规制与制度的变迁，具体体现为从工程建设逐渐向生态恢复转变，从供水管理慢慢向需求管理转变，从流域统一管理向社区参与管理转变，从支撑经济生产向流域综合治理转变。西班牙水资源法律演化的当前状态比较模糊，而国家水文计划和欧共体法律的实施为未来几年西班牙水资源法律的演化提出了发展轨迹(Embid，2002；Kaika，2003)。欧洲、墨西哥以及南非等国家和地区也在20世纪70—90年代调整了水资源管理规制，促使水资源利用从外延式开发向水资源高效利用转变，重视公众参与和立法，追求生态环境与经济发展的平衡与可持续。揭示诱导这些水规制改革的自然和人文因素，是理解水规制变迁历史和趋势的核心科学问题。

中国在水资源管理规制变迁方面也有相应研究。秦泗阳等(2005)分析了不同朝代水资源管理制度的特点，探讨了不同历史时期制度变迁的主要动因。宁立波等(2004)认为影响古代水权变迁及水权制度变迁的因素是不一致的，前者主要与当时的意识形态相关，后者则是由于技术的进步，同时要素价格也发生了变化。张翠云等(2014)借助定量分析的方法评价处于黑河中游的人类近50年来活动强度的转变及活动阶段的划分，该评价依据和划分标准以人口、耕地面积、水库总数等为指标。王亚华等(2001)提出以组织偏好为心理基础，提出水资源产品通过交换确定要素价格，其波动将导致水资源制度变迁；同时，朱永彬等(2018)回溯水权交易制度变迁，提出水资源价值评定体系和定价机制。

综上所述，设计水资源规制以规范、限制涉煤生产企业的涉水行为，需要考虑多种水资源规制对涉煤生产企业的作用；同时，梳理多重水资源规制，形成当前富煤生产区域的规制框架，是分析水资源约束下涉煤生产企业行为的前提。

2.3 基于文本挖掘的公共政策分析研究

权威机构发布的文件为公众获取法规提供了渠道。文本挖掘技术为分析政策的显式演变提供了工具,是涉及从各种文本源中发现信息和其他相关数据的活动(Boussalis et al.,2016)。该技术已实现信息检索、主题跟踪、摘要、分类、聚类、概念链接、信息可视化和问题回答等功能,可以应用自然语言处理和人工智能技术从非结构化数据中提取可操作的信息(Holt et al.,2007)。

文本挖掘作为政策的内容分析工具,通常包括定量分析、定性分析和综合性分析三个方面。其中,定量分析主要以关键词的频次计算为基础,或通过关键词的共现形成聚类和时区视图,以展现某一时期的政策热点,或通过涌现术语分析形成突变词列表,以展现某一时期新兴趋势的骤然变化;定性分析主要将公共政策作为一种话语表达,运用语义学的基本原理对公共政策进行话语分析;综合分析则结合定性与定量分析,囊括信息索引、文本分析、特征提取、机器学习等理论分析方法,在将政策文本信息转换成结构化信息的基础上,从海量数据中提取隐藏的知识,解释政策的立场与趋势,从一个新的角度分析政策。到目前为止,文本挖掘已经应用于农业、医疗、建筑节能等领域,随着网络的发展,它也被应用于在线讲座、电子商务和社交媒体(Godbole S.等,2010)。文本挖掘为非结构化数据提供了框架,使官方文档可以直观地进行处理。Massey 等(2014)通过基于软件工程的分类法来识别法律文本中的歧义。Chankook Park 等(2017)通过文本挖掘分析了韩国能源政策的新闻发布,以确定政策的一致性。研究结果发现韩国能源总体规划(KEMP)中的核能政策一直在变化。Jose Luis Gómez-Barroso 等(2017)通过文本挖掘研究了电信政策议程的演变。他们以 1976 年至 2016 年发表在《电信政策》杂志上的论文构成了样本库,并在文章中描述了政策议程的演变,认为其比传统的公共服务、竞争前和自由化后的阶段(电信行业的典型阶段)更微妙。文本挖掘技术有助于确定这一多学科领域内的关键主题、概念的主要组合和研究的主要领域,如技术、经济、社会、政策等。Wonkwang Jo 等(2019)基于文本挖掘发现了报纸上对 Mooncare 的解释策略与政府文件之间的冲突,并在研究结果中建议政府应在政策的意义制定上扮演更积极的角色。有文献(Baker et al.,2016)利用新闻文献对经济政策的不确定性进行了测量,得出了常被提及的"经济政策不确定性指数"(Economic Policy Uncertainty Index,EPU)。基于此,Ellen Tobback 等(2018)提出了一种使用文本挖掘技术的替代方法,并将原始方法与改进支持向量机分类进行比较,从而为比利时创建一个 EPU 索引。在本书的研究中,通过文本挖掘从已发布的政策中提取出水资源规制的主题,采取定量和定性分析相结合的方法,从纵向对各个阶段的政策关键词的定量分析到横向对政策热点变化的定性分析,为政策分析提供了依据。

2.4 异质企业及其规制响应行为

2.4.1 异质性

异质企业的讨论源于异质性贸易理论框架,根据企业的所有制、生产率、成本等特征,讨论其贸易比较优势。当前"异质"逐步演变为由企业特征决定的内生竞争优势的描述,影响企业社会行为的内生因素,且影响企业的环境行为。Lu P 和 Wang F(2018)采用仿真方法验证声誉博弈模型中,异质性会对智能体的合作产生影响;Zhang 等(2015)将参与者分为两类,建立空间公共物品博弈模型,仿真结果表明异质的参与者可促进环境友好投资行为。既有研究也从理论和实证层面研究了企业基于异质性生产率在出口行为上的差异化自选择,发现生产率更高的企业具有更大的规模和更高的利润,能够克服比国内市场更高的出口固定成本,因此具有更高的出口倾向(Grillitsch et al.,2017)。Bustos(2011)将企业外生生产率异质性拓展到企业可以通过研发创新投入实现内生生产率提升,这便刻画了企业除出口以外另一个差异化的自选择——研发创新,而这一自选择也依赖于企业既有的生产率。AW B. Y. 等(2011)则从动态模型角度刻画了企业出口和研发创新的双重自选择,这种自选择基于既有的生产率,而当下出口和研发创新的自选择又会影响企业未来的动态生产率,这为研究企业的自选择行为提供了更加丰富的视角。

2.4.2 规制响应行为分析

水资源约束下的涉煤生产企业是实施产业结构调整、节水投资的主体;为了避免"公地悲剧",规制者应通过规制设计,形成企业行为选择的约束框架,激励企业有效地执行区域水资源分配计划(Jaramillo,2017)。有效的规制设计依赖于多方的行为互动关系研究。当前针对水资源规制约束下企业行为的研究较少,但环境规制下企业行为研究成果已较为丰富。Schmutzler A.等(1997)指出多种规制结合有助于减少环境污染;吴伟等(2001)基于博弈论研究了规制对企业污染行为的影响,认为有效的惩罚措施是充分发挥政府监管的前提;蒙肖莲等(2005)将政府与企业的互动转化为规制约束下的激励机制设计问题;张学刚等(2011)提出政府降低对高排放产业收益的依赖、降低政府监管成本、加大对企业污染行为的处罚等有助于环境质量的改善;郑云虹等(2019)基于声誉模型形式化地方政府的处罚力度、监督成本与企业预期收益间的关系,发现环保监督成本与企业预期收益成正向关系,即当环保监督成本越高,企业预期收益越大,而声誉成本则与排污行为成反比例关系,即声誉成本越小时,企业将倾向于排污。考虑到放松参与人完全理性假设和群体相互学习机制,采用演化博弈模型构建参与企业行为选择与变化过程的研究正逐年增加。Xu R.等(2018)建立包括政府、环境服务企业和排污企业三方的演化博弈模型,根据多种规制情景下的环境效益和稳定平衡点分析,可知"公私合作"模式可提高环境公共利益;Shen H.等(2018)分析了环境约束下,回收、环境技术投资等行为的演化过程,结果表明非完全理性的参与者对环境规制的感知超过追寻利润的感知时,行为系统最终达到均衡。

2.5 本章小结

本章从水资源约束出发,进行了水资源规制、文本挖掘用于公共政策分析、规制对象异质性和规制响应行为的相关研究。根据相关研究可知,当前关于水资源规制框架分析的研究较少,后续研究将采用文本挖掘模型对长时间序列的规范性规制文本进行内容提取与分析,并进行主要规制传导路径分析,形成涉煤生产企业行为所依赖的规制框架。另外,由于当前水资源规制的供给几乎是"统一"的,即忽略规制对象内生的异质性,使得这一问题的研究尚有较大的拓展空间。本书将研究对象定位于异质性涉煤生产企业,关注市场中涉煤企业的行为响应。对政府而言,在制定相关煤炭产业规制时,应做到适度干预与约束,强化对异质涉煤生产企业环境友好行为的驱动性,并采用数值计算与仿真验证,完善理论模型结论。

第三章
理论基础

3.1 文本挖掘简介

文本挖掘(Text Mining)描述了分析和处理半结构化和非结构化文本数据的一系列技术。由于数据源是自然语言文档的集合,在这些集合中的文档更多存在于非结构化文本数据中(Feldman,2007),因此可以通过识别和探索规律、趋势或关联,从这些数据源中提取有用的信息。当前,文本挖掘主要用于信息检索、文档分类、主题提取与情感分析等。结合本研究目标,基于文档分类和主题提取,分析水资源规制的演化与要点,现将相关理论基础简述如下。

3.1.1 基于 TF-IDF 与 VSM 的文本分类过程

Salton 等人(1991)提出以 TF-IDF(Term Frequency-Inverse Document Frequency,TF-IDF)评估某一字词对于一个文件集或一个语料库中的其中一份文件的重要程度。其中,词频(Term Frequency)表示某个词项在一个文本中出现的次数。一般词项和文本的主题越相关,在该文本中的词频就越高;逆文本频率(Inverse Document Frequency)为某个词项在文本集合的多篇文本中出现的次数。如果某词项出现的文本越多,那么该词项的区分能力就越差。考虑到与主题的相关性和区分性,词项在文档集合中的重要性与在文档中字词出现的次数成正比,同时与在其他文档中出现的频率成反比。令 $D=\{d_1,d_2,\cdots d_n\}$ 为文档的综合集合,t 是该集合中的一个词项。TF-IDF 的计算方法过程为:

首先,计算 $tf(t,d)$ 如式(3.1):

$$tf(t,d) = \frac{f(t,d)}{|d|} \qquad (3.1)$$

其中,$f(t,d)$ 是 t 在文档 d 中出现的次数,分母是 d 的维数,表示为其自身项的基数。

逆文档频率 $idf(t,D)$ 描述如式(3.2):

$$idf(t,D) = \log\frac{|D|}{|\{d|t\in d\}|} \qquad (3.2)$$

其中,$|D|$ 表示文本集合中所有文本的总数,包含词项 t 的文档数量为 $|\{d|t\in d\}|$。根据式(3.1)、式(3.2)求得 TF-IDF 如式(3.3)所示:

$$tfi-df(t,d,D) = tf(t,d) \times idf(t,D) \qquad (3.3)$$

文本集合中的每一篇文档中的每个词项均根据式(3.3)获得 TF-IDF 值,并且据此形成每一篇文本对应的向量模型,通过计算向量间的余弦相似度或者 Jaccard 系数来确定文本之间的相似性。

一般来说,每个文本都由许多关键词组成。关键词检索的一般方法有字典法、语言学法和统计法。字典法是使用预先定义的短语字典来检索关键字。语言学法是通过语言学检索名词、动词、代词或介词的所有短语,并运用一定的规则对无意义短语进行过滤(方俊伟 等,2019)。统计法是检索一个关键词在文本和文本集中的频率。Weiss S 等认为,TF-IDF 是非结构化文本最常用的重要性指标之一,并且已被证明是分类任务的最佳方法之一,是应用于信息检索与数据挖掘的统计方法。因此在本研究中,将 TF-IDF 作为提取关键字的重要指标,并结合字典法和统计法检索关键字。

在给定分类模型下,根据文本内容自动判别文本类别的过程中,随着文本分类技术的发展,不同的文本表示模型逐渐出现多种文本分类算法,如布尔模型、向量空间模型、潜在语义模型和概率模型等。所以在构造自动文本分类器时,面临较多的选择。

向量空间模型(Vector Space Model,VSM)是由 Salton 等人提出的一种经典的用于相似性评价的数学模型(Salton,1991)。该模型将文本资料转化为数学模型中的向量,使语言数据的处理简化为数学数据的处理。具体实现过程如下:

首先,根据来自文档和主题的术语的 TF-IDF 值构建文档和主题向量。然后,将文档与主题向量之间的余弦相似度计算为文档的主题相似度,可表示为:

$$sim(d,t) = \frac{\vec{d} \cdot \vec{t}}{|\vec{d}| \cdot |\vec{t}|} = \frac{\sum_{i=1}^{n} w_{di} w_{ti}}{\sqrt{\sum_{i=1}^{n} w_{di}^2} \sqrt{\sum_{j=1}^{n} w_{tj}^2}} \tag{3.4}$$

其中,$\vec{d}$ 为文档 d 的术语向量;$\vec{t}$ 为术语 t 的向量;w_{di},w_{ti} 是对应于同一项 i 的 TF-IDF 权值;n 是文档 d 和 t 之间的公共项数。

由于向量空间模型构建思路易于理解,使得该模型成为在文本分类、信息索引、信息检索等领域中常用的相似度计算模型之一。本书中涉及的水资源管理规制是具有法定效力的官方正式文件,在文字上精炼准确、简洁明了,用语上客观、具体,同时具有说服力,满足向量空间模型分类要求。

3.1.2 主题建模分析

主题建模是以非监督学习的方式对文集的隐含语义结构进行聚类的统计模型,有助于组织、理解、研究和总结大量文本信息,也为发现和探索大型数据集中隐藏的主题结构提供强有力的工具。在建模过程中经常使用的方法包括 n-gram、潜在语义分析(LSA)和概率性潜在语义索引(PLSA)等。由于本书选择处理的原始数据是具有说服力的政策性文本,词语概念不具有模糊性,不存在一词多义和一义多词的现象,所以利用最初 Blei 等人(David et al.,2003)提出的潜在狄利克雷分配(LDA)模型,使用贝叶斯统计模型将文档表示为潜在主题的随机混合,其中每个主题的特征是词项上的狄利克雷分布。需注意的是该主题识别过程对文本语料库中共同出现,且频次较高的词语并不考虑词序。本书收集的水资源相关规制是相对较大的文本数据集合，运用 LDA 进行主题提取有助于增加文本主题同时出现的可能性。LDA 算法的形式化描述如图 3.1 所示。

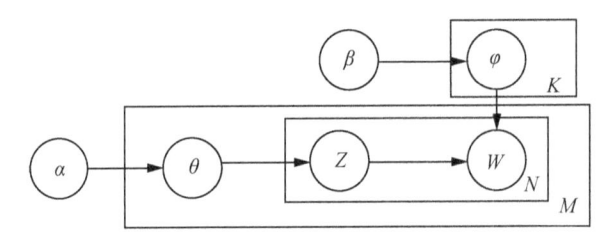

图 3.1　LDA 算法过程

其中，一个文档被定义为由 N 个词项组成的序列，表示为 $W=(w_1,w_2,\cdots,w_N)$，其中 w_N 表示序列中的第 N 个词项；语料库是 M 个文档的集合，其记为 $D=(w_1,w_2,\cdots,w_M)$；α 是每个文档主题分布的主题 Dirichlet 先验参数；β 是每个文档主题分布的词项 Dirichlet 先验参数；θ 是文档 i 的主题分布；φ 是主题 k 的词项分布；语料库 $D=\{w_i\}$ 中每个 w_i 表示一个词项；$Z=\{z_i\}$ 是分配给 W 中词项的潜在主题。

在索引为 $\{1,\cdots\cdots,V\}$ 的词汇表中，词项表示为单位基向量，其中单位文档等于 1，其余组件等于 0。在表示有上标的组件时，用第 V 个向量 w 来表示词汇表中的第 v 个词项，使得当 $u\neq v$ 时有 $w^v=1$ 和 $w^u=0$。

主题建模被广泛应用于许多领域，如欺诈检测、垃圾邮件过滤、收集科学文件、确定源代码中的业务主题等领域。本研究采用基于 LDA 的主题建模，从水资源规制中提取信息，列出有关政府水资源监管框架研究规制的演变主题。

3.2　决策实验室分析-解释结构模型(DEMATEL-ISM)

3.2.1　DEMATEL 方法简介

决策实验室分析(Decision Making Trial and Evaluation Laboratory，DEMATEL)是在对因素和因子进行量化和处理的基础上，采用有向图和科学打分等方法,确定系统中各因子及因子间影响程度大小的分析方法(Shao et al.,2016)。DEMATEL 的计算过程如下所示。

步骤 1:建立一个初始的直接关系矩阵 $\boldsymbol{A}$,在这一步中,每个专家被要求对因素进行评价,并在比较量表的基础上形成一个两两配对的矩阵。设计的量表分为"0(无影响)、1(极低影响)、2(低影响)、3(高影响)"四个等级。从初始 H 个应答者中得到成对矩阵,即 $(n\times n)$ 非负矩阵可以建立为 $\boldsymbol{X}^k = [x_{ij}^k]$。为了整合所有数据,利用式(3.5)推导出直接影响矩阵 a_{ij}:

$$a_{ij} = \frac{1}{H}\sum_{K=1}^{H} x_{ij}^k \tag{3.5}$$

步骤 2:归一化直接关系矩阵的构成 $\boldsymbol{D}$,这一步通过式(2.6)对直联矩阵进行归一化处理:

$$\boldsymbol{D} = \boldsymbol{A} \times \lambda \tag{3.6}$$

$$\lambda = \text{Min}\left[\frac{1}{\max\sum_{j=1}^{n} a_{ij}}, \frac{1}{\max\sum_{i=1}^{n} a_{ij}}\right] \tag{3.7}$$

步骤 3:计算综合关系矩阵 $\boldsymbol{T}$。利用式(3.8)计算关系矩阵 $\boldsymbol{T}$:

$$\boldsymbol{T} = \boldsymbol{D}(\boldsymbol{I} - \boldsymbol{D})^{-1} \tag{3.8}$$

其中,$\boldsymbol{I}$ 为单位矩阵。

步骤 4:根据式(3.9)和式(3.10)计算每个因子的突出度 $(r+c)$ 和关系 $(r-c)$ 值:

$$\gamma_{\text{sum}} = \Big[\sum_{b=1}^{n} t_{ab}\Big]_{n\times 1} \tag{3.9}$$

$$c_{\text{sum}} = \Big[\sum_{a=1}^{n} t_{ab}\Big]_{1\times n} \tag{3.10}$$

步骤 5:建立行 $[\gamma_i]_{n\times 1}$ 的和与列 $[c_j]_{1\times n}$ 的因果关系图和分别代表综合关系矩阵的向量。水平矢量 $\gamma_i + c_j$ 展示了因素"i"所产生和经历的整体效果。同样,垂直轴矢量 $\gamma_i - c_j$ 被称为"关系",可以按因子"i"划分为原因组和结果组。通常,如果 $\gamma_i - c_j$ 为正,则将标准归类为原因组;如果 $\gamma_i - c_j$ 为负,则将标准归类为结果组。

3.2.2 ISM 方法简介

解释结构模型(Interpretive Structural Modelling，ISM)是为了把复杂且内部联系多维的系统分解为简单的多个层次和部分,从而可以更加容易读取一个系统整体的数据和其基本层次的系统建模方法。在此过程中把专家的经验和专业知识运用来对模块关系进行识别,以便于分析系统内部因素之间的各种影响关系。ISM 方法有以下几个步骤。

步骤 1:确定系统影响因素,设为 $a_1,\cdots,a_n$。

步骤 2:考察不同因素间的影响关系,并设定相应的标度,通过专家打分方法确定不同因素间的直接影响程度。假设系统的直接影响矩阵为 $\boldsymbol{X}(\boldsymbol{X}=[x_{ij}]_{n\times n})$，$\boldsymbol{X}=\begin{bmatrix} 0 & \cdots & x_{1n} \\ \vdots & \ddots & \vdots \\ x_{n1} & \cdots & 0 \end{bmatrix}$，其中因素 $x_{ij}(i=1,\cdots,n;j=1,\cdots,n,i\neq j)$ 表示因素 a_i 对因素 a_j 的直接影响程度;若 $i=j,x_{ij}=0$。

步骤 3:规范化直接影响矩阵,得规范化直接影响矩阵 $\boldsymbol{G}(\boldsymbol{G}=[g_{ij}]_{n\times n})$，

$$\boldsymbol{G}=\frac{1}{\max\limits_{1\leqslant i\leqslant n}\sum\limits_{j=1}^{n}x_{ij}}\boldsymbol{X} \tag{3.11}$$

易知 $0\leqslant g_{ij}\leqslant 1$，并且 $\max\limits_{1\leqslant i\leqslant n}\sum\limits_{j=1}^{n}g_{ij}=1$。

步骤 4:计算系统影响因素间的综合影响矩阵 $\boldsymbol{T}(\boldsymbol{T}=[t_{ij}]_{n\times n})$，矩阵 $\boldsymbol{T}$ 的计算公式为[19-20]:

$$\boldsymbol{T}=\boldsymbol{G}(\boldsymbol{I}-\boldsymbol{G})^{-1} \tag{3.12}$$

其中 $\boldsymbol{I}$ 为单位阵。

步骤 5:计算各因素的影响度和被影响度,对矩阵 $\boldsymbol{T}$ 中元素按行相加得到相应因素的影响度,对矩阵 $\boldsymbol{T}$ 中元素按列相加得到相应因素的被影响度。例如因素 $a_i(i=1,\cdots,n)$ 的影响度 f_i 和被影响度 e_i 的计算公式如下:

$$f_i = \sum_{j=1}^{n} t_{ij} \qquad (i=1,\cdots,n) \qquad (3.13)$$

$$e_i = \sum_{j=1}^{n} t_{ji} \qquad (i=1,\cdots,n) \qquad (3.14)$$

步骤6:计算各因素的中心度与原因度。系统因素的影响度和被影响度相加得到其中心度,系统因素的影响度和被影响度相减得到其原因度。例如因素 $a_i(i=1,\cdots,n)$ 的中心度 m_i 和原因度 n_i 的计算公式如下:

$$m_i = f_i + e_i \qquad (i=1,\cdots,n) \qquad (3.15)$$

$$n_i = f_i - e_i \qquad (i=1,\cdots,n) \qquad (3.16)$$

步骤7:以因素的中心度和原因度做笛卡尔坐标系,标出各因素在坐标系上的位置,分析各个因素的重要性,针对实际系统提出建议。

3.2.3 基于DEMATEL的ISM改进

DEMATEL的综合关系矩阵 $\boldsymbol{T}$ 未考虑因素自身影响。由于因素自身的一一对应关系,加上对角单位阵 $\boldsymbol{I}$,则矩阵 $\boldsymbol{T}+\boldsymbol{I}$ 完整反映了各因素(包含自身)间的影响关系。ISM方法用可达矩阵 $\boldsymbol{K}$ 反映因素的相互影响,$\boldsymbol{K}$ 中元素取值为0或1,说明系统因素间存在或不存在相互影响。对比可达矩阵 $\boldsymbol{K}$ 和完整综合关系矩阵 $\boldsymbol{T}+\boldsymbol{I}$ 可知:"0"说明相应因素间不存在影响关系;综合关系矩阵 $\boldsymbol{T}+\boldsymbol{I}$ 中的非零元素能反映因素间影响及其程度,而矩阵 $\boldsymbol{K}$ 中的元素"1"仅反映因素间存在影响关系,即矩阵 $\boldsymbol{T}+\boldsymbol{I}$ 可映射得到矩阵 $\boldsymbol{K}$。因此,将用 $\boldsymbol{T}+\boldsymbol{I}$ 替代可达矩阵 $\boldsymbol{K}$。具体过程如下:

步骤1:计算系统整体影响矩阵 $\boldsymbol{H}(\boldsymbol{H}=[h_{ij}]_{n\times n})$,$\boldsymbol{H}=\boldsymbol{T}+\boldsymbol{I}$,其中,矩阵 $\boldsymbol{I}$ 为单位阵。

步骤2:依据系统整体影响矩阵 $\boldsymbol{H}$ 确定可达矩阵 $\boldsymbol{K}(\boldsymbol{K}=[k_{ij}]_{n\times n})$,通过矩阵 $\boldsymbol{H}$ 和式(3.17)及式(3.18)确定可达矩阵 $\boldsymbol{K}$:

$$k_{ij} = \{1 \mid h_{ij} \geqslant \lambda\} \ (i=1,\cdots,n;j=1,\cdots,n) \qquad (3.17)$$

$$k_{ij} = \{0 \mid h_{ij} < \lambda\} \ (i=1,\cdots,n;j=1,\cdots,n) \qquad (3.18)$$

其中,阈值 λ 的设定可由专家或者决策者根据实际问题而定,阈值设置的目的是舍去影响程度较小的影响关系,简化系统结构,便于系统层次结构的划分。对于 n 值较小的系统,通常无需对系统结构进行简化,可设置 λ=0。

步骤 3:确定各因素的可达集合以及前项集合,例如因素 a_i 的可达集合 R_i 以及前项集合 S_i 的计算公式为:

$$R_i = \{a_j \mid a_j \in A, k_{ij} \neq 0\} (i=1,\cdots,n) \quad (3.19)$$

$$S_i = \{a_j \mid a_j \in A, k_{ji} \neq 0\} (i=1,\cdots,n) \quad (3.20)$$

步骤 4:验证式(3.21)是否成立,若成立则说明其对应的因素 a_i 为底层因素,并在矩阵 **K** 中划除 i 行和 i 列:

$$R_i = R_i \bigcap S_i (i=1,\cdots,n) \quad (3.21)$$

步骤 5:重复步骤 3 和 4,直到所有的因素均被划去。

步骤 6:按照因素被划去的顺序,建立因素的层次结构。

针对步骤 3 和 4,可以采用更简洁的表操作来完成,即将各因素所对应的可达集合和前项集合绘制成表格,针对表中各行验证式(3.21)是否成立,若式(3.21)成立,从整张表中划去相应行以及相应因素,然后继续验证表中剩余行是否满足等式(3.21),直到表中所有行均被划出。例如,某系统的因素及其可达集合和前项集合见表 3.1,其中因素 m 满足 $R_m = R_m \bigcap S_m$ 等式,将表 3.1 中 m 行删除,i 行和 n 行的因素 m 也删除,得到下一步的操作表(表 3.2)。这样省去了矩阵运算,节省时间且不易出错。

表 3.1 因素的可达集合和前项集合

要素	R	S	$R \cap S$	$R_i = R \cap S$
i	i,m,n	i,n	i,n	
m	m	i,m,n	m	m
n	m,n	i,n	n	

表 3.2　剩余因素的可达集合和前项集合

要素	R	S	$R \cap S$	$R_i = R \cap S$
i	i, n	i, n	i, n	i, n
n	n	i, n	n	n

　　DEMATEL 是一种分析复杂性问题并探讨内部影响因素之间影响关系的有效方法，同时该方法可以较科学且高效地获取决策模型中的关键因素，已成功应用在能源生产管理、环境保护、市场战略研究等领域。ISM 作为优化系统结构的方法，在研究中使用更为广泛，部分学者对其方法和计算步骤都有改进，也有个别学者将其与其他方法结合使用。周德群等(2008)提出集成 DEMATEL 与 ISM 方法，用于构建系统层次结构，并通过实例验证集成过程合理性和有效性。该方法可降低可达矩阵的计算量和计算复杂度，为实际复杂系统的分析和决策提供了新思路，利用 DEMATEL 与 ISM 相结合的方法对于研究大型复杂系统评价和结构优化具有较好的优势。Huan-Ming C 等(2013)基于集成 ISM 和 DEMATEL 模型，研究虚拟社区中会员参与生态旅游的复杂动因，为生态旅游营销与生态保护提出建议。李金颖等(2017)基于 ISM 分析法对电网工程项目投资影响因素作用路径进行研究。滕玉华等(2020)利用回归模型结合 ISM 解析出各影响因素的关联关系与层次结构。杨翾等(2015)通过解释结构模型(ISM)分解消费者第三方支付偏好的影响因素间的结构性分布及其逻辑关联。实证结果表明：第三方支付机构提供安全技术操作等诸因素是中间层因素；消费者个体特征和互联网环境是深层次因素。向鹏成等(2016)为获知高速铁路工程项目风险间的关系，识别出高速铁路工程项目的 17 个风险因素，通过研究风险间的关系基于解释结构模型(ISM)提出一种分析高速铁路工程项目风险相互关系的方法。结果显示：高速铁路工程项目主要存在关联性风险和传导性风险，且各风险经过一定路径的传导放大，最终导致市场收益风险和公众风险的发生。ISM 一定程度上为项目管理者进行风险管理提供了方向，有助于提高风险管理的效率和质量。

　　当前涉及水资源管理的相关规制，大多都是从理论定性的角度进行评价与分析，在一定程度上缺乏层次和结构，难以分析影响监管规制的深层因素。

因此为了对其进行层次化的结构分析,并试图找出其深层核心因素,本研究将 DEMATEL 与 ISM 相结合,面向宏观与微观层面,确定规制因素的直接和间接关系的强度,建立多层次的递阶结构模型。运用 DEMATEL-ISM 方法对水资源规制传导路径分析的步骤主要包括:选择、设定所要研究的问题;确定一个构成系统的主要因素 $S_1,S_2,\cdots,S_n$;建立直接影响矩阵与综合影响矩阵;计算影响程度、被影响程度、中心度和原因度;构建整体影响矩阵;构建可达矩阵;构建多级递阶结构模型。

3.3 演化博弈及其在企业行为分析中的应用

3.3.1 演化博弈理论的产生与发展

Simon(1996)在研究决策问题时提出"有限理性"的概念,即人的行为是介于完全理性和完全非理性之间的一种有限理性。演化博弈理论则是以有限理性为基础,将博弈理论分析和动态演化过程分析结合起来形成的一种新兴博弈理论。演化博弈论的萌芽最早可以追溯到约翰·纳什对均衡概念"大规模行动的解释"(mass action interpretation)的阐述(Jennifer et al., 2009)。史密斯(Smith)与普瑞斯(Price)等人里程碑式的贡献,使演化博弈理论迅速发展,后被广泛地应用于各领域。自 20 世纪 80 年代开始,对该理论的研究不断深入,从演化稳定均衡发展到随机稳定均衡(stochastically stable equilibrium),从确定性的复制者动态模型发展为随机的个体学习动态模型等。演化博弈理论逐渐成为经济学家研究社会经济博弈的新工具,用来分析如社会制度变迁、产业演化以及股票市场等。同时对演化博弈理论研究框架也向非对称方向延伸,并取得一定成果。20 世纪 90 年代以来,威布尔、克瑞斯曼与萨缪尔森等一大批学者都从不同的角度对演化博弈理论进行了系统、完整的总结,演化博弈理论的发展进入一个新的阶段,有力地促进博弈论的发展与应用(陈亚林 等,2019)。

3.3.2 演化博弈论的数学表达

复制动态(Replicator Dynamics,RD)与演化稳定策略(Evolutionary

Stable Strategy，ESS)作为演化博弈理论中的基本概念,分别描述博弈策略的稳定性以及动态调整过程。基于人类理性的局限性,优势行为策略的转变更多的是一种长期渐进的趋势,从而形成大群体中学习速度缓慢成员之间随机配对的反复博弈。可用生物进化的"复制动态"(Replicator Dynamics，RD)模拟具有时间不可逆特性的博弈参与者的学习与调整过程。通过多次行为策略的重复尝试后,每一次策略的选择都将发生部分更替,个体行为或群体行为在群体中的比例变化都会对群体演化的稳定性(群体成员采用特定策略的比例不变,而非某个博弈方的策略不变)产生影响,而最优的稳定均衡可承受有限理性带来的扰动。在群体中各个体行为的修正演化过程中,如果一种策略的适应度比群体的平均适应度高,那么这种策略就会被群体中越来越多的参与者所采用;反之,便会越来越少的被采用。因此这种均衡是在一个特定群体内的动态重复博弈的基础上达到的。根据 Robert A 等(1981)提出的单群体复制动力学公式,表述如下:

$$\frac{\mathrm{d} x_i(t)}{\mathrm{d} t} = x_i [f(s_i - x) - f(x, x)] \tag{3.22}$$

公式(3.22)中,在时刻 t 处,选择策略 i 的个体占群体比例为 x_i,如果一个策略在群体中即选择该策略 i 的个体 s_i 所获得的期望收益 $u(s_i, x)$(或者称为"适应度"),与整个群体的平均期望收益 $u(x, x)$ 比较:如果某种群所采取的策略期望高于支付平均水平,那么将优先繁衍该种群的后代;反之,则减少该种群繁衍,直至灭绝。

演化稳定策略(Evolutionary Stable strategy，ESS)最初被 John 等(1984)定义为:"如果整个种群的每个成员都采取这个策略,那么在自然选择的作用下,不存在一个具有突变特征的策略能够侵犯这个种群。"即该策略为演进趋势中一个最优的稳定策略。用符号表示上述单种群在对称情形下的 ESS:

若演化稳定策略 $x \in A$,对于 $\forall y \in A$,且 $y \neq x$,存在一个 $\overline{\varepsilon_y} \in (0,1)$,对于 $\forall \varepsilon \in (0, \overline{\varepsilon_y})$,使不等式 $u[x, \varepsilon y + (1-\varepsilon)x] > u[y, \varepsilon y + (1-\varepsilon)x]$ 恒成立,则满足上述条件的策略被定义为演化稳定策略(ESS)。

其中，A 是指博弈群体中参与方的策略集合，y 为突变策略，$\overline{\varepsilon_y}$（与 y 有关的一个常数）为入侵临界点，u 为参与个体所得的期望收益（或效用）。此时，策略 x 作为一个演化稳定策略，由突变群体 εy 和演化稳定群体 $(1-\varepsilon)x$ 构成的混合群体中的参与方，都选择策略 x 就构成一个演化均衡。基于此定义，如果群体中出现了突变者，若占比小，则无法影响大多数个体的选择，群体仍保持原有状态不偏离，则该策略是稳定的，称它为 ESS。这部分突变者面临两条路径，或被同化调整策略或在进化过程中消失。

以上均基于单种群体演化稳定策略与复制动态模型的分析，且受限于对称性。而在现实中，诸多社会经济活动通常不止一种行动策略的选择，也会涉及不止一类博弈参与个体，它们可能来自两个或者多个种群，即对应的是有差别的有限理性博弈方群体成员之间的随机配对博弈。为便于分析，忽略种群内部的相互作用带来的影响，那么呈现的就是真正的非对称博弈。

现以两群体为例，参与者被限制在博弈 G 中。群体 1 有 n 种纯策略，群体 2 有 m 种纯策略，对应的策略空间分别为 S_n，S_m。假设群体中的突变率为 $\tau_i(i=1,2)$，即在群体 $i(i=1,2)$ 中，博弈参与者均使用混合策略 x_i^*，其中，采取策略 x_i 的突变个体的入侵扰动幅度为 τ_i，若对于 $\forall x=(x_i)\in S_n\times S_m$，$x^*=(x_i^*)\in S_n\times S_m$，且 $x\neq x^*$，$i=1,2$，$\exists \tau_i(x)$，当 $0<\tau_i(x)<1$，对 $\forall \tau_i\in(0,\tau_i(x))$ 有下式恒成立

$$x_i^*\left(\sum_{j=1}^2 A_{ij}E_j\right) > x_i\left(\sum_{j=1}^2 A_{ij}E_j\right) \tag{3.23}$$

式中，E_j 表示群体 j 在突变体入侵后的状态，$E_j=(1-\tau_i)x_i^*+\tau_i x_j$。

演化稳定策略是指群体所采取混合策略所获收益高于突变体所获收益。那么 $x^*=(x_i^*)\in S_n\times S_m(i=1,2)$ 则称为博弈 G 的演化稳定策略（ESS）。

3.3.3 一般两人对称演化博弈

假设在一个大的群体中，群体成员之间的重复动态博弈是两两随机配对进行，所有参与者均采用纯策略，其中，采取策略 S_1 的博弈方占群体比例为 x，策略 S_2 的比例则为 $(1-x)$，且具有限理性。此时的有限理性是假设参与者具备一定的统计分析能力，与对采取不同行为策略所获收益的判断

能力,但缺乏事前的洞察能力。基于以上假设,以 2×2 对称博弈为例,对复制动态和演化稳定策略的一般性进行描述。该博弈的收益支付矩阵如表 3.3 所示。

表 3.3 博弈的收益支付矩阵

	博弈方 1	
博弈方 2	策略 S_1	策略 S_2
策略 S_1	A,A	B,C
策略 S_2	C,B	D,D

令博弈方 1、博弈方 2 的期望收益分别为 U_1, U_2,群体的平均期望收益为 $\overline{U}$,则有:

$$U_1 = x \cdot A + (1-x) \cdot B \quad (3.24)$$

$$U_2 = x \cdot C + (1-x) \cdot D \quad (3.25)$$

$$\overline{U} = x \cdot U_1 + (1-x) \cdot U_2 \quad (3.26)$$

则采取策略 S_1 的博弈方复制动态方程 $F(x)$:

$$F(x) = \frac{\mathrm{d}x}{\mathrm{d}t} = x(U_1 - \overline{U}) = x(1-x)[x(A-C) + (1-x)(B-D)] \quad (3.27)$$

令 $F(x) = \frac{\mathrm{d}x}{\mathrm{d}t} = 0$,求得该微分方程有三个解,对应于复制动态的稳定状态分别为:$x_1^* = 0, x_2^* = 1, x_3^* = \frac{D-B}{A-B-C+D}$。

由于 x_3^* 的取值有 $x_3^* = x_1^*$ 或 $x_3^* = x_2^*$ 或 $x_3^* \notin [0,1]$ 不存在的可能性,则只有 x_1^*, x_2^* 可作为实际可能存在的稳定解。根据"稳定性定理"可知:

若 $x < x^*$,为使 $x \to x^*$ $\left(F(x) = \frac{\mathrm{d}x}{\mathrm{d}t}, t\uparrow, 则 x\uparrow\right)$,应满足 $F(x) > 0$;

若 $x > x^*$,为使 $x \to x^*$ $\left(F(x) = \frac{\mathrm{d}x}{\mathrm{d}t}, t\uparrow, 则 x\downarrow\right)$,应满足 $F(x) < 0$;

即当 $F'(x^*) < 0$ 时,x^* 为 ESS。

3.3.4 一般性两人非对称演化博弈

在现实中,有限理性的参与个体的行为选择存在差异。这个过程中涉及的参与者如果来自有差异的群体,那么分别从群体中反复随机抽取一个成员进行配对,发生的则是非对称博弈。同时,博弈参与方仍在所属群体内部进行学习和策略修正,是非对称博弈中存在的对称部分,这时所涉及的对称因素是"种间"而不是"种内"的。由于本书要分析涉及不同角色的交互作用,是真正的不对称的博弈,所以原有的博弈分析的框架无法直接套用,但对称因素的纳什均衡和整个非对称博弈的纳什均衡是呈正相关的,于是将非对称博弈中的对称因素仍采用复制动态作为策略调整机制。

假设在两大群体中,群体1与群体2的成员之间的博弈是两两随机配对进行的。其中,群体1的博弈参与个体采取策略 S_1 的比例为 x,则采取策略 S_2 的比例为 $(1-x)$,群体2的博弈方采取策略 T_1 的比例为 y,则采取策略 T_2 的比例为 $(1-y)$,且均具有限理性。基于以上假设,以 2×2 非对称博弈为例,收益支付矩阵如表3.4所示。

表3.4 博弈的收益支付矩阵

	博弈方1	
博弈方2	策略 S_1	策略 S_2
策略 S_1	a_1, a_2	b_1, b_2
策略 S_2	c_1, c_2	d_1, d_2

博弈方1采取策略 S_1、S_2 的期望收益分别记为 U_{1S_1}、U_{1S_2},群体1的平均期望收益记为 $\overline{U}_1$,则有:

$$U_{1S_1} = y a_1 + (1-y) b_1 \tag{3.28}$$

$$U_{1S_2} = y c_1 + (1-y) d_1 \tag{3.29}$$

$$\overline{U}_1 = x U_{1S_1} + (1-x) U_{1S_2} \tag{3.30}$$

博弈方2采取策略 T_1、T_2 的期望收益分别记为 U_{2T_1}、U_{2T_2},群体2的平均期望收益记为 $\overline{U}_2$,则有:

$$U_{2T_1} = xa_2 + (1-x)b_2 \qquad (3.31)$$

$$U_{2T_2} = xc_2 + (1-x)d_2 \qquad (3.32)$$

$$\overline{U}_2 = yU_{2T_1} + (1-y)U_{2T_2} \qquad (3.33)$$

在非对称位置的群体博弈中,利用对称部分的复制动态进行分析。因此,博弈方 1 位置类型比例的复制动态方程为:

$$\frac{\mathrm{d}x}{\mathrm{d}t} = x[U_{1S_1} - \overline{U}_1] = x[U_{1S_1} - xU_{1S_1} - (1-x)U_{1S_2}]$$
$$= x(1-x)[U_{1S_1} - U_{1S_2}] = x(1-x)[b_1 - d_1 + (a_1 - b_1 - c_1 + d_1)y]$$
$$(3.34)$$

同理,博弈方 2 位置的博弈方类型比例的复制动态方程为:

$$\frac{\mathrm{d}y}{\mathrm{d}t} = y[U_{2S_1} - \overline{U}_2] = y[U_{2S_1} - yU_{2S_1} - (1-y)U_{2S_2}]$$
$$= y(1-y)[U_{2S_1} - U_{2S_2}] = y(1-y)[b_2 - d_2 + (a_2 - b_2 - c_2 + d_2)x]$$
$$(3.35)$$

式(3.34)、式(3.35)两个微分方程组成一个二维动力系统,分别令其等于 0,求得 x、y 的值,也是系统的稳定状态。进一步在以比例 x、y 为横、竖坐标轴的坐标平面中,将两群体复制动态的关系表示出来,可以更直观地获得非对称演化博弈系统的存在解以及对应的群体行为演化稳定策略。

3.3.5 演化博弈在企业行为分析中的应用

在水资源规制框架下,异质涉煤生产企业群体行为策略的选择,是在现有决策过程的参与者所具有的分析推理能力、认知判断能力和准确行为能力等基础上。Ulugbek Mengibaev(2020)引入进化博弈论的框架来探讨社交网络中的隐私保护问题。Ela Ozkan-Canbolat(2019)以演化博弈论为基础,探讨了网络与知识转移的关系,并结合数学模型来检验协调博弈中知识转移和参与者行为的相互作用。刘泽双、段晓亮(2008)应用演化博弈理论,借鉴生物进化过程中的复制动态的思想,明确了企业外部招聘行为的演化进程,并深入研究了系统演化方向的影响因素及可控方法。王先甲等(2017)借助演化博弈的方法对排污企业环境治理行为演化过程进行分析,探究环境监管机构的监管力度、执行力以及监管技能掌握程度等因素对其收敛过程或速度的影响。Zhang Yongming 等(2020)基于演化博弈理论,从市场机制和行政监督机制两个方面分析了政府、产学研合作的知识产权行为及其影响因素。张静静(2016)在新电改条件下运用演化博弈理论,构建两类售电企业的复制动态模型,分析提供多样化的创新增值服务过程中的动态演化过程。综上所述,考虑到演化博弈在行为研究中的广泛应用,以有限理性为分析前提,本书将该理论嵌入涉煤生产企业的行为分析中,来验证不同的均衡状态是有意义的。

3.5 系统动力学仿真

3.5.1 系统动力学简介

系统动力学(System Dynamics,SD)是由麻省理工学院的 Jay W. Forrester 教授于 1956 年创立的一门研究系统动态复杂性的科学。它以反馈控制理论为基础,以计算机仿真技术为手段,主要用于研究复杂系统的结构、功能与动态行为之间的关系。系统动力学强调整体地考虑系统,了解系统的组成及各部分的交互作用,并能对系统进行动态仿真实验,考察系统在不同参数或不同策略因素输入时的动态变化行为和趋势,使决策者可借由尝试在各种情境下采取不同措施并观察模拟结果,打破了从事社会科学实验必须付出高成本的条件限制。系统动力学模型是一种因果机理性模型,它强调系统行为主要是由系统内部的机制决定的,擅长处理长期性和周期性的问题;在数据不足及某些参量难以量化时,以反馈环为基础依然可以做一些研究;擅长处理高阶次、非线性、时变的复杂问题。系统动力学在研究复杂的非线性系统方面具有无可比拟的优势,因此已经广泛应用于社会、经济、管理、资源环境等诸多领域。

3.5.2 系统动力学仿真过程简介

系统动力学建模有三个重要组件:因果反馈图、流图和方程式。因果反馈图描述变量之间的因果关系,是系统动力学的重要工具;流图帮助研究者用符号表达模型的复杂概念;系统动力学模型的结构主要由微分方程式所组成,每一个连接状态变量和速率的方程式即一个微分方程式。系统动力学中以有限差分方程式来表示水平变量状态的改变速率,再依时间步骤对各方程式求解,呈现出系统在各时间点的状态变化。系统动力学建模程序分为以下几个步骤。

步骤1:了解问题、界定问题、确认目标;

步骤2:绘制系统的因果反馈图;

步骤3:建立系统动力学模型;

步骤4:测试、确认模型是否可以再现真实系统的行为;

步骤5:使用模型进行策略的选择;

步骤6:执行策略。

其中,步骤2所提到的因果反馈图是系统动力学最重要的部分,也是系统动力学模型发展的基础,建立系统的因果反馈图应包含以下步骤。

首先,确定系统边界:系统结构建构初期,为避免系统架构过于庞大或太小,必须先确定系统边界。系统边界的确定主要依据建模目的及解决问题的特性来确定,系统边界确定后,方可决定系统的内生变量及外生变量。

其次,找出系统中的反馈回路:反馈回路说明了系统内各变量的因果关系及其变化,系统动力学即透过系统中各反馈回路的动态因果关系,描述与解释现实社会中的现象。

再次,找出反馈回路中的状态变量与速率:反馈回路中的状态变量与速率是组成系统动力学模型最重要的两种变量,是最终建立系统动力学模型的关键所在。

最后,决定速率的结构:速率的结构为系统结构的核心,速率为决策行动的起点,透过信息流及实体流的汇集与处理,为系统中主要的控制中心。

系统动力学自提出以来,已逐渐成为一种重要的系统理论。相对于运筹学等重视数值分析的方法而言,系统动力学以系统要素之间的关系和联系作为研究重点。系统动力学将系统要素之间的关系通过因果关系链进行描述,因果关系链相互连接构成因果反馈回路,一条或多条因果反馈回路进而组成系统动力学中的因果关系图。因果关系图这一摆脱了纯数值分析的工具恰恰是系统动力学模型对系统进行描述的核心与精髓。而系统动力学能够使用因果关系图的重要前提假设是"结构决定论",恰恰是这个前提假设决定了系统动力学可以应用于跨学科的知识交叉应用与综合。

3.6 本章小结

本节对本书所采用的理论方法和工具进行了简单介绍。后文将依序完成基于文本挖掘、DEMATEL-ISM进行提现水资源约束的多重水资源规制分析;随后完成当前规制框架下,涉煤生产企业的响应行为分析,重点研究不同涉煤生产企业的行为分化;基于不同惩罚规制情景下的仿真结果,验证理论分析结果,分析规制驱动涉煤生产企业行为的机理。

第四章
基于文本挖掘的水资源规制梳理与分析

4.1 中国水资源公共管理政策现状

中国水资源总量十分丰富，拥有全球总水量的6%，在世界所有国家中排名第六。但由于我国人口基数过于庞大，导致我国人均水资源拥有量仅为世界平均水平的1/4，是人均水资源拥有量最贫乏的国家之一。虽然我国水资源总量丰富，但水资源分布不均，并且与我国生产力分配不相符，由于企业和人行为具有负外部性，这也导致了现阶段水资源开发过度、用水效率低下，进而对生态环境造成了极其负面的影响。目前我国江河湖泊水域整体污染严重，部分城市周边的湖泊处于富营养化状态，其中一些已经丧失供水、旅游、水产等功能。与此同时，由于人类的过度开采，我国地下水水位大幅下降，水质也在不断恶化。这些都进一步加大了我国水资源所面临的困境。

面对水资源人均拥有量较少和生态污染的巨大压力，我国也一直致力于改善水资源现状，争取早日实现水资源的可持续发展。从2011开始，中国坚决实行有史以来最为严格的水资源管理规制方法，致力于完善水资源用量和使用效率的责任制度以及评估系统，逐步完善我国水资源监管体系，健全水资源监管政策法律法规等，以此保证最严格的水资源监管政策顺利推行，这也使我国的水资源行业迎来快速发展的阶段。

4.1.1 中国水资源管理机构体系

水资源管理体制是水资源管理的机构设置和权限划分等方面的体系和制度的总称,是国家为了加强水资源的统一管理、协调和规范水事活动、推进水资源的合理开发、高效利用、节约保护、综合治理、科学管理而建立的管理机构体系,也是最终实现我国水资源达到可持续发展的重要保障。

最新修订的《中华人民共和国水法》已经对水行政主管部门做了明确的规定,对各级机构的职责也做出了详细的阐述,至此我国水资源管理机构体制已形成较为完善的格局。具体组织机构框架如图 4.1 所示。

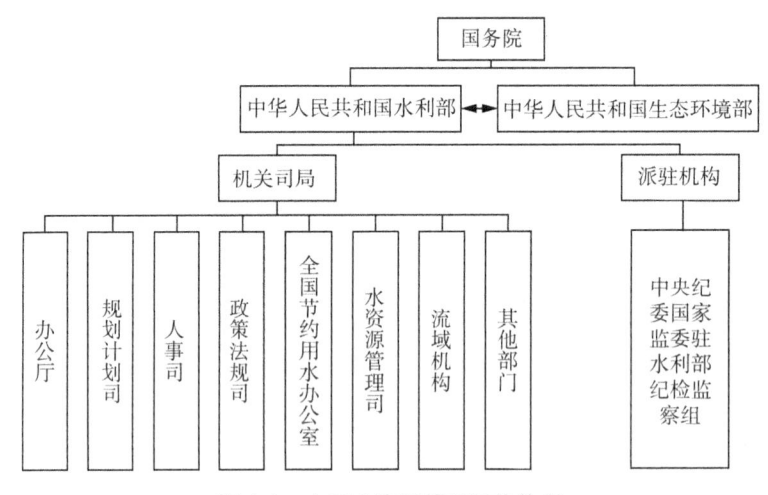

图 4.1　中国水资源管理机构体制

4.1.2 中国水资源政策规制结构

在不断完善水资源管理体系的同时,我国也在不断地完善各项水资源政策。建立水资源政策初期,我国的水资源主要应用于农业的防洪灌溉,尚未提出"水权"这一概念。由于人类和企业的负外部性,水资源的需求量快速增长,对水资源的竞争也日渐激烈。因此国家出台了许多关于水资源开发利用的法律法规、部门规章等来适应社会的高速发展。目前我国水资源政策已到了深化发展阶段,水资源的可持续发展成为当今时代追求的最大目标,水资源政策也逐步趋于完善,图 4.2 是我国水资源政策法治化框架。

图 4.2 中国水资源政策法治化框架

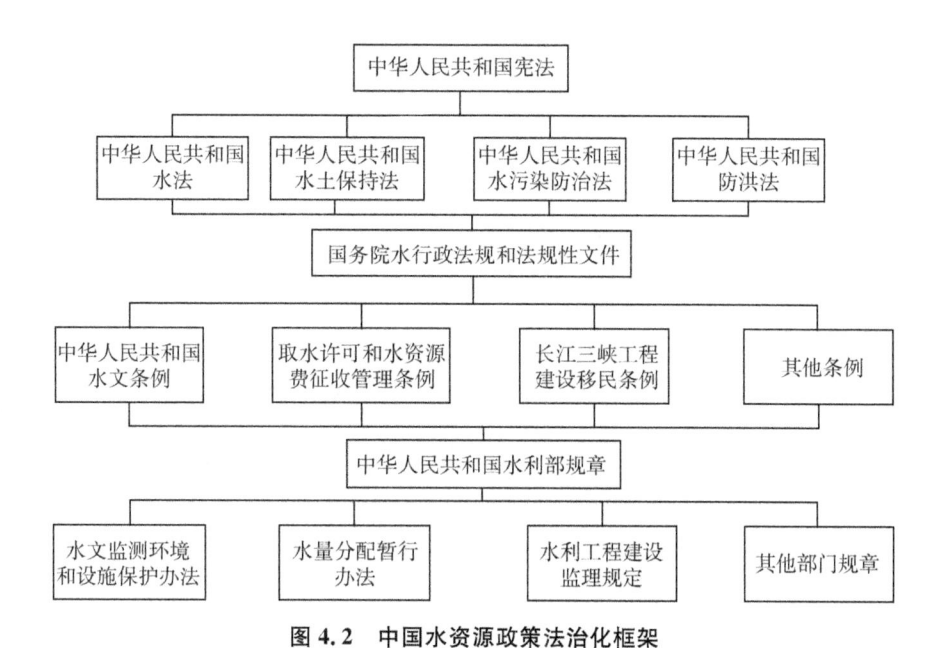

4.1.3 中国水资源政策规制现状

中国水资源管理法律规制的变迁大致经历了三个阶段：计划体制下的水资源分散管理阶段(中华人民共和国成立—1988年)、过渡时期的水资源系统管理阶段(1988—2002年)、变革时期的水资源统一管理阶段(2002年以来)。由于水资源具有稀缺性和无法替代性，加上现阶段水资源监管仍有较多问题存在，我国水资源监管政策仍将不断完善，并随着社会发展不断创新。现阶段我国水资源监管政策面临的主要问题是分布不均和经济社会发展不平衡，因此进一步加强我国公共管理制度就变得尤为重要，这就需要从政策文本上开始重视、变迁。因此本研究围绕水资源监管政策，对1999—2018年颁布的法律法规政策进行收集，通过文本挖掘的方式找出各时段的关键词和侧重点，并采用可视化手法进行分析，如语义网络分析、关联网络分析等，直观地展现出我国水资源监管政策规制重点的变迁。

4.1.4 最严格的水资源管理制度

在2009年1月召开的全国水利工作会议上，针对水资源管理中存在的诸多问题,时任国务院副总理回良玉指出,在我国现代化进程中,水利始终是必须抓紧抓好的关键领域,他强调要从我国的基本水情出发,实行最严格的水资源管理制度,并要求建立健全水资源综合管理体制,强化水资源管理与监督职能,继续推进城乡水务一体化。随后召开的年度全国水资源工作会议上,首次提出了水资源管理"三条红线"的概念,拉开了最严格水资源管理制度体系建设的大框架。时任水利部部长陈雷同志对最严格的水资源管理制度做了进一步的阐述。他指出,实行最严格的水资源管理制度,就是要全面贯彻并不断完善各项政策法规,严格执法监督,并提出要围绕水资源的配置、节约和保护,划定"三条红线"。其中针对严格实行用水总量控制,划定水资源开发利用红线;针对严格控制入河排污总量,划定水功能区限制纳污红线;针对遏制用水浪费,划定用水效率控制红线。

2011年初,我国出台《中共中央国务院关于加快水利改革发展的决定》(中央一号文件),提出一系列加快水利改革发展的新政策,其中明确要求将严格水资源管理作为加快转变经济发展方式的战略举措,系统设置了最严格水资源管理制度的"三条红线"和四项制度,要求建立用水总量控制制度,确立水资源开发利用控制红线;建立用水效率控制制度,确立用水效率控制红线;建立水功能区限制纳污制度,确立水功能区限制纳污红线;建立水资源管理责任和考核制度。从框架上看,中央一号文件提出了最严格水资源管理的基本制度和核心内容。同年7月,召开了中华人民共和国成立以来最高规格的中央水利工作会议。胡锦涛同志强调指出,着力实行最严格的水资源管理制度,加快确立水资源开发利用控制、用水效率控制、水功能区限制纳污"三条红线",把节约用水贯穿经济社会发展和群众生活生产全过程。温家宝同志在会上指出,要大力推进节水型社会建设,实行最严格的水资源管理制度,建立健全节约用水的利益调节机制,大力推广节水技术和产品。要加大水生态治理和水环境保护力度,加强水污染防治,实施地下水超采治理和保护,推进生态脆弱河湖修复,继续加强水土保持。

2011年,水利部代拟起草了《关于实行最严格水资源管理制度的意见》,经十个部委会签后上报国务院。2012年1月,国务院正式出台了《国务院关于实行最严格水资源管理制度的意见》(国发〔2012〕3号),对实行最严格水资源管理制度作出了全面部署和具体安排。该意见明确了实行最严格水资源管理制度的指导思想主要是：以水资源配置、节约和保护为重点，强化用水需求和用水过程管理，促进水资源可持续利用和经济发展方式转变，推动经济社会发展与水资源水环境承载能力相协调。基本原则主要是：坚持以人为本，着力解决人民群众最关心最直接最现实的水资源问题，保障饮水安全、供水安全和生态安全；坚持人水和谐，尊重自然规律和经济社会发展规律，处理好水资源开发与保护关系，以水定需、量水而行、因水制宜；坚持统筹兼顾，协调好生活、生产和生态用水；坚持改革创新，完善水资源管理体制和机制，改进管理方式和方法；坚持因地制宜，实行分类指导，注重制度实施的可行性和有效性。

2012年11月，党的十八大首次把生态文明建设纳入中国特色社会主义建设总体布局，并明确要求完善最严格的水资源管理制度，深化资源性产品价格和税费改革，建立资源有偿使用制度和生态补偿制度，积极开展水权交易试点等。总体来看，以"三条红线"为核心内容的最严格水资源管理制度的提出，既是基于我国国情和水情的重大理论创新，也是符合水资源自然规律的系统制度设置，为我国现代水资源综合管理的实践指明了方向。

最严格水资源管理制度套用了"红线"的概念。所谓"红线"，原指规划部门批给建设单位的占地面积，一般用红笔圈在图纸上，具有法律效力。在水资源管理中，"红线"体现了开发利用的底线，即水资源水环境承载能力。"红线"有着明确的控制性指标和手段，超过红线的，就要追究相应的责任。

最严格水资源管理制度确立的"三条红线"，主要是针对我国水资源短缺、粗放利用、水污染严重的三大水问题，从取水、用水、排水这水资源开发利用的三大环节来确定的。与此相对应的是，用水总量控制制度、用水效率控制制度和水功能区限制纳污制度这三项基本制度，贯穿了水资源的配置（开发利用）、节约和保护的全过程，构成了最严格水资源管理制度的实体内容，而水资源管理责任和考核制度，针对的是水资源管理责任不明和考核机制不健全的问题，是落实前三项基本制度的保障性制度。此外，上述有些要求贯穿在不同环节，有些制度体现在多个环节，比如说总量控制、定额管理及计划用水制度既是对用水总量进行控制的重要手段,也是提高用水效率促进节约用水的有效工具。与此相对应的是,前三项基本制度的实施效果也是相互影响相互制约的。水资源开发利用总量(用水总量)的减少,会倒逼水资源利用水平(用水效率)的提高,影响水体的纳污能力和保护水平;水资源利用效率的提高,会相应减少一定的用水总量,也影响水体的纳污能力;而水体如果受到污染,纳污能力降低,会导致"水质型缺水",可利用的用水量减少,相应地会倒逼用水效率的提高。

4.2 水资源规制分析思路

上一节总结的我国水资源规制机构与政策法制框架,构成了多重水资源约束,是高耗水生产行为选择的制度框架。当前,水资源规制特征的研究,多针对特定领域(比如取水规划、节水、治污);水资源规制要点分析、演化特征则以定性分析为主,带有一定主观预设性。已公布的政策是公众获取相关规制的主要渠道之一,近20年来,随着公众环境意识的不断增强,涉及水资源管理的法规层出不穷,为分析水资源规制演化提供了原始资料。水资源相关公共政策是对应规制的体现。水资源公共政策梳理是对已有的政策实践、政策过程进行分析,不仅提供政策相关知识,改进其公共政策制定过程,而且为后继的涉煤生产企业规制响应行为研究,提供行为框架。政策文本作为规制的载体对政策走向分析非常重要,德鲁克曾说:"你如果无法衡量它,你就无法管理它"。文本分析研究方法是将内容中定性和定量相结合,最早运用于情报学和信息科学中,后成为科学研究的基本方法。文本分析的基本问题是文本挖掘,即从文本中攫取相应词汇进行量化。因此,通过组织行为认知,分析其行为特征并预测政策的未来走向,也是政策研究的重要内容,正确地领悟规划纲要,对理解及把握水资源规则走向有重大意义。

大数据理论与技术的发展为有限时间内处理大量数据提供了方法与工具。本书选取1999—2018年出台的水资源相关公共政策作为水资源规制分析的依据,采用文本挖掘和专家判断方法相结合去实现水资源规制主题演化与路径分析,框架如图4.3所示。

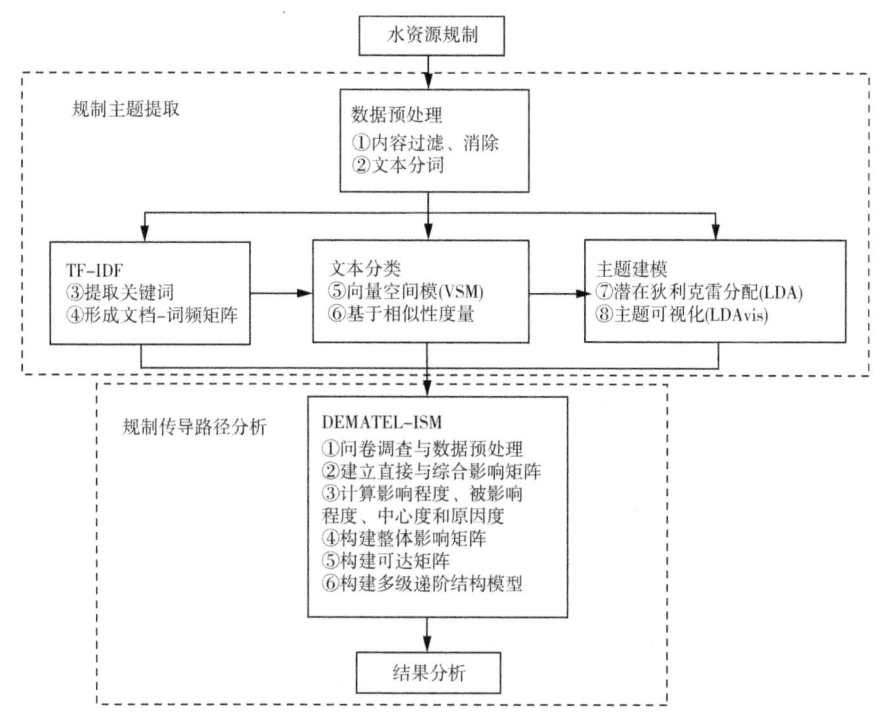

```
┌─────────────────────────────────────────────────────────┐
│                      水资源规制                          │
│  ┌──────────────────────┼──────────────────────┐        │
│  │ 规制主题提取          ↓                      │        │
│  │              ┌──────────────┐                │        │
│  │              │ 数据预处理    │                │        │
│  │              │ ①内容过滤、消除│                │        │
│  │              │ ②文本分词    │                │        │
│  │              └──────────────┘                │        │
│  │        ↙          ↓          ↘              │        │
│  │ ┌──────────┐ ┌──────────┐ ┌──────────────┐   │        │
│  │ │ TF-IDF   │→│ 文本分类  │→│ 主题建模      │   │        │
│  │ │③提取关键词│ │⑤向量空间 │ │⑦潜在狄利克雷  │   │        │
│  │ │④形成文档- │ │模型(VSM)  │ │分配(LDA)     │   │        │
│  │ │词频矩阵  │ │⑥基于相似性│ │⑧主题可视化    │   │        │
│  │ │          │ │度量       │ │(LDAvis)      │   │        │
│  │ └──────────┘ └──────────┘ └──────────────┘   │        │
│  └───────────────────────┼─────────────────────┘        │
│  ┌────────────────────────────────────────────┐         │
│  │ 规制传导路径分析   ┌─────────────────────┐   │         │
│  │                  │ DEMATEL-ISM         │   │         │
│  │                  │ ①问卷调查与数据预处理 │   │         │
│  │                  │ ②建立直接与综合影响矩阵│   │         │
│  │                  │ ③计算影响程度、被影响 │   │         │
│  │                  │ 程度、中心度和原因度  │   │         │
│  │                  │ ④构建整体影响矩阵    │   │         │
│  │                  │ ⑤构建可达矩阵       │   │         │
│  │                  │ ⑥构建多级递阶结构模型 │   │         │
│  │                  └─────────────────────┘   │         │
│  └────────────────────────┼───────────────────┘         │
│                     ┌──────────┐                        │
│                     │ 结果分析  │                        │
│                     └──────────┘                        │
```

图 4.3　基于文本挖掘的水资源规制演化分析

由图 4.3 可知,本书将从历史维度分析中国水资源规制演化,从结构角度构建当前水资源规制的框架,具体步骤详述如下。

步骤 1:水资源相关公共政策收集与预处理。收集国务院、自然资源部(水利部)、各级水文水资源管理局、流域管理部门等政府、组织机构的官网正式发文的政策、管理办法等,形成初始文本集合;对政策文本进行分词并标记,根据中文语义规制设置、删除停词,按照"年"序形成 20 个政策语料库以支持后继挖掘。

步骤 2.1:各年份水资源公共政策特征提取。根据词频-反文档频率(TF-IDF),获取每一词项的 TF-IDF 值,然后形成文档-词频矩阵。

步骤 2.2:水资源公共政策阶段划分。根据步骤 2.1 的结果,基于向量空间模型(VSM)生成各年份间余弦相似度性度量,以此为依据划分水资源公共政策演化阶段。

步骤 2.3:水资源公共政策各阶段主题提取。根据步骤 2.2 划分的水资源公共政策演化阶段,采用 LDA 确定各阶段的水资源公共政策主题,据此提炼水资源公共规制设计思路的变化。

步骤 3:规制传导路径分析。基于步骤 2.3 所获现阶段的水资源公共政策主题,映射到具体水资源规制方式,结合专家调研结果,采用 DEMATEL-ISM 研究现阶段水资源规制的传导路径,形成规制框架特征提取。

4.3 数据收集与预处理

中国水资源公共政策的发布机构主要有:国务院、政法部门、住房和城乡建设部、自然资源部(水利部)、生态环境部和各流域管理部门;公共政策主要包括法律、行政法规、标准和部门规章等规范性文件。从上述机构的官方网站上找到全部政策,在标题、摘要和关键词中查询包含"水资源"或"水文"或"水利"以及"水质"或"水环境"或"水资源管理"或"供水"或"节水"或"需水"或"流域"或"河流"或"湖泊"等关键字的水利管理政策。由结果可知,从 1999 年至 2018 年,发布水资源管理的公共政策(主要为法律、行政法规以及部门规章)共 1 091 份,包含 40 862 个词,以此作为后继文本挖掘的主要数据源。

已形成政策文本的预处理包括:段划分、过滤和删除停止词。鉴于汉语段的限制,删除对文本含义影响有限的代词、连词和介词,因此,为了提高分类的准确性,将从候选词中去除语料库中的停止词、空格和低频词。对原始词进行预处理后收集政策,形成文本挖掘的语料库。

基于以上已获取资源,借鉴自然语言处理步骤,需对文本数据做出预处理与整合,为下一阶段提取关键词、文本分类、主题建模及可视化做准备。文本数据预处理作为非结构化数据(文本)转换成结构化数据过程中最重要的一步,涉及典型的处理过程包括分词、词性筛选、删除特殊字符、去停用词等。在这项工作中,由于汉语分词在文本挖掘中固有的局限性,文本段有各种词,包括代词、连词和介词等,该类词语义信息缺乏,即使删除这些词项,信息检索不受影响,文本的含义也不会扭曲;剩余的名词和动词能有效反映规制目标、主体、对象、工具和形成过程,即规制分析的五个维度。以上预处理过程由 Python 语言中的 jieba 工具包实现,形成后继处理所需的语料库,并且按照年份进行语料库划分,形成20个子语料库。

4.4 基于TF-IDF值的规制主体和客体分析

经预处理后,从20个水资源公共政策子语料库中提取4 216个主要关键字,根据每年文档关键字的生成词量,提取前50个关键词,结果如附录Ⅰ所示。从附录Ⅰ中可知,1999年—2018年的水资源公共政策中,高频提及的规制主体内容有:"主管部门""行政""单位""人民政府""城市""河道""国务院"等。其中,"主管部门"和"人民政府"的TF-IDF值较高,表明"主管部门"和"人民政府"一直处于政策实施、监督和协调的主导地位。其中,主管部门涉及的组织机构有流域机构和行政区域机构,是由不同级别(包括国家级、流域级、地区级)和不同功能(行政机构、执行机构等)的水机构组成。可见水资源规制主体为多个,符合《中华人民共和国水法》(2016年)第三条中的明确规定:"水资源属于国家所有。水资源的所有权由国务院代表国家行使。"此外,《中华人民共和国水法》(2016年)第十二条明确规定:"国家对水资源实行流域管理与行政区域管理相结合的管理体制。国务院水行政主管部门负责全国水资源的统一管理和监督工作。""县级以上地方人民政府水行政主管部门按照规定的权限,负责本行政区域内水资源的统一管理和监督工作。"

根据规制主体所涉及的TF-IDF值变化情况可知,自1999年至2018年二十年间,规制主体结构较为稳定:在水资源监管的公共管理活动中,主管单位和人民政府处于主导地位,拥有支配活动过程的国家公权力。由于工作任务的日益繁琐与沉重,只依靠这类行政管理机关解决所有问题是难以实现的,且会造成解决问题的效率低下。因此有必要推动监管力量下沉,构建从顶层到基层的实施链条,从而落实到每一个利益相关者。省、市、县三级水行政主管部门,统筹本行政区水资源的配置、节约、保护和管理等各项水资源行政管理工作。从水资源政策的具体实施机构来看,主要包括国务院各部委、地方各级政府及其职能部门、流域管理机构、各级水利工程管理机构、工程建设单位等多个层级。整体而言,地方各级职能部门是最主要的政策执行者,流域管理机构次之。

规制结构是既定的,客体则是变化的。从关键词的列表中可以看出,"城市""流域""地方"等规制客体也属于监管范畴,随时间的推移,TF-IDF值也发生变化。另外,附录Ⅰ中涉及水资源管理实务包括"取水""用水""供水"三方面,形成一个多目标的水资源管理体系,而不是过去单一的取水管理;关于管理制度的协同,过去没有明确,但现在实行最严格的水资源管理制度,体现于"水量""行政许可""调度""监督""质量"等方面,是流域管理与行政区域管理相结合的前提。OECD(2008)提出的水治理原则的第一条就是有关协调能力的,它指出要达到该原则的要求就是在法律和制度框架中,明确政府各层面及水资源相关机构的角色和责任,上级管理部门负责协调下级部门工作,发现并解决部门责任空白、重叠与利益冲突。2016年《中华人民共和国水法》的修订和实施使中国依法治水、管水进入一个新的发展阶段。伴随着一系列水资源政策的出台,有中国特色的水资源协同管理框架逐步建立,为多机构的综合目标实现提供前提。

4.5 基于VSM的水资源规制阶段划分

由于水资源规制集属于相同领域的文本集合,文档内容之间相隔时间近的相似性较强,相隔时间远的相似性相对较弱。因此基于向量空间模型对其进行分类。在对语料库中的文档进行聚类之前,首先利用TF-IDF形成结构化语料库,然后建立索引,使用Gensim模块,应用稀疏矩阵相似性算法计算两年间公共政策语料库的余弦相似度,以此为依据完成公共政策按年份的分类,具体步骤如下:

首先,以1999年水资源公共政策文本语料库为初始基准文档,根据式(3.4)计算1999年公共政策语料库与2000—2018年公共政策语料库的相似度,并进行排序。经计算可知1999年与2000年的文本相似度高,从2001年起,相似度快速下降。随后,以2001年水资源公共政策文本语料库为基准文档,根据式(3.4)计算1999年公共政策语料库与1999—2018年间其他公共政策语料库的相似度,并进行排序。经计算可知,2001年与2002—2004年间的公共政策语料库相似度高,从2005年起,相似度快速下降。根据上述相似度的比较过程,分别以 1999 年、2001 年、2005 年、2011 年和 2015 年为基准年,得到相似度如表 4.1 所示。

表 4.1 基于文本相似度排序

test—1999		test—2001		test—2005		test—2011		test—2015	
1999	1	2001	1	2005	1	2011	1	2015	1
2000	0.863 594 6	2002	0.994 408	2006	0.993 21	2012	0.856 303	2016	0.856 303
2001	0.216 853	2003	0.924 535	2007	0.961 551	2013	0.750 543	2017	0.764 386
2002	0.211 886 32	2004	0.717 333	2008	0.934 003	2014	0.750 543	2018	0.670 584
2003	0.196 372 2	2000	0.319 818	2009	0.848 656	2015	0.667 441	2014	0.664 164
2004	0.128 087 85	2005	0.253 572	2010	0.797 806	2016	0.656 374	2013	0.640 754
2005	0.043 904 32	2006	0.221 026	2011	0.684 924	2017	0.629 098	2012	0.640 754
2006	0.037 937 54	1999	0.216 853	2012	0.684 924	2018	0.594 779	2011	0.569 982
2007	0.025 361 01	2007	0.189 042	2013	0.515 57	2010	0.593 818	2010	0.569 69
2008	0.023 370 68	2008	0.188 123	2014	0.438 396	2009	0.577 728	2009	0.536 602
2009	0.021 180 27	2009	0.171 386	2004	0.357 872	2008	0.560 36	2008	0.493 065
2010	0.016 749 87	2010	0.129 758	2015	0.332 727	2007	0.521 619	2007	0.477 55
2011	0.014 561 89	2011	0.112 308	2003	0.276 561	2006	0.519 943	2006	0.443 703
2012	0.014 561 89	2012	0.112 308	2016	0.265 885	2005	0.515 57	2005	0.438 396
2013	0.011 172 28	2013	0.105 995	2002	0.255 964	2004	0.167 773	2004	0.143 462
2014	0.009 298 31	2014	0.090 066	2018	0.254 771	2003	0.122 879	2003	0.104 473
2015	0.007 032 92	2015	0.068 379	2001	0.253 572	2002	0.109 029	2002	0.092 854
2016	0.001 186 68	2016	0.053 282	2017	0.204 32	2001	0.105 995	2001	0.090 066
2018	0.001 165 2	2018	0.051 176	2000	0.071 018	2000	0.011 997	2000	0.010 007
2017	0.000 933 41	2017	0.041 515	1999	0.043 904	1999	0.011 172	1999	0.009 298

将基准文件与测试政策文本的相似度进行比较,数值越小,两篇文档的相似度越小,说明对应差异性则越大,并且两篇文档对应两个年份之间更有可能成为一个时间分割点。因此运用上述方法对带有时间标签的文本集合进行时间阶段划分,形成水资源公共管理政策的五个阶段:1999—2000 年、2001—2004 年、2005—2010 年、2011—2014 年、2015—2018 年。

本研究在对待测试文本进行相似性估量时,只考虑两两文档之间的差异度。因此在对相邻时间的文本进行差异度测量时,可以增加分类的准确性,最大限度地保留含文档内容的原始信息。这种操作相较于常用度量测试方法可以降低计算复杂度,不需要对语料库中的任意两篇文本进行差异度测算。从表4.1中可以看出,差异值较大的时间节点都对应有重要历史事件或者政策改革,并且从整体来看,差异值呈递减趋势,这与国家对水资源政策的导向趋势密切相关。

根据分类结果,水资源公共政策可划分为5个阶段。

第一阶段(1999—2000年)是水资源规制的过渡阶段。自20世纪80年代末以来,以立法规范水利管理的意识逐步建立:《中华人民共和国水法》《中华人民共和国水污染防治法》《中华人民共和国水土保持法》和《中华人民共和国环境保护法》等逐步制定;1997年的国民经济"第九个五年计划"首次提出可持续发展战略,20世纪90年代末对应提出了水利可持续发展的概念,并对水利可持续发展提出了相应的规定,中国的水管理步入法治轨道,水政策慢慢呈现增长态势;2000年初,水利部党组首次提出"水资源可持续"的治水思路,对水资源规制设计、实施制定了更高的目标与任务,水资源保护的力度逐步加大,水资源保护制度体系逐步建立。

第二阶段(2001—2004年)是水资源规制走向初步规范化的重要阶段。服务于社会经济发展,水资源开发利用重供给、重经济效益、轻生态与环境保护等问题逐步显现,这些问题一定程度上导致许多地方水源枯竭,污染严重,生态环境破坏。2001年,国务院形成《中华人民共和国水法(修订草案)》,2002年8月29日发布《中华人民共和国水法(2002修订)》,中国进入了依法治水新阶段,具体表现为:

(1) 2002年修订的《中华人民共和国水法》,强调国务院代表国家行使水资源所有权,建立流域管理与行政区域管理相结合的规制主体结构。

(2) 国务院水行政主管部门负责全国水资源的统一管理和监督工作,重要江河、湖泊设立的流域管理机构(以下简称流域管理机构),在所管辖的范围内行使法律、行政法规规定的和国务院水行政主管部门授予的水资源管理和监督职责;县级以上地方人民政府水行政主管部门按照规定的权限,负责本行政区域内水资源的统一管理和监督工作;跨流域管理由长江水利委员会和淮河水利管理委员会等流域或区域水利管理机构实施。

(3) 明确采用市场机制进一步揭示水的经济价值;明确了水利工程供水价格由补偿成本、合理收入、质量价格和公平负担构成,正式名称为水价而非水费。

第三阶段(2005—2010 年)开启了综合水资源规制。根据《中华人民共和国水法(2002 修订)》,地方经济社会和重大建设规划要匹配当地水利条件和防洪要求,并进行科学论证。2006 年颁布了取水许可证和水利费征收管理办法,规定在一定条件下取水许可证可以转让。2007 年 12 月颁布了《水量分配暂行办法》(水利部令第 32 号),为县级及以上行政部门的"初始"水权分配提供了依据,为水权管理和水权交易提供了坚实的产权基础。

在供水紧张、水污染控制有限的背景下,2009 年全国水利工作会议上,时任副总理回良玉首次明确提出"实施最严格的水利管理制度"。时任水利部部长陈雷在这次会议上作了进一步的阐述和部署。

第四阶段(2011—2014 年)可概括为实施"最严格的水利管理体系"的起始阶段。2011 年,中央 1 号文强调了最严格水资源管理制度实施。2012 年起,国务院发布了《国务院关于实行最严格水资源管理制度的意见》,向地方政府提交了详细规定,全面实施网格化水利管理,该管理方式为水利生态文明建设提供基础。2013 年发布了最严格水资源管理的评估方法,截至 2018 年,虽然已有 30 个省市通过了评估,但是水资源短缺、洪水频发、水污染、水生态恶化等问题依然突出。根据最严格水资源管理制度,不同主体均在响应水资源管理的"三条线";2014 年进行了水权和排污权交易试点,实施了河长制、湖长制,创新河流、湖泊管理工作,自此中国水资源规制进入系统化时代。

第五阶段(2015—2018 年)是水资源规制进入充分合作的阶段。水资源管理是一个复杂的系统,涉及不同的实体和法规。在已有水资源管理实践的基础上,本阶段实施了综合水资源管理。2018 年机构改革,中华人民共和国生态环境部成立,进一步整合了涉水管理职能,标志着从条块管理向统一管理的转变。

本节将相似度和标志性事件的检索相结合,揭示了各个阶段水资源管理的公共政策特点。为了进一步了解公共政策的设计逻辑,下节将对各阶段的水资源公共政策进行主题分析。

4.6 基于LDA算法提取政策文本主题

4.6.1 基本思路与参数设置

公共政策主题反映了政府在一段时期内的执政理念。从大规模公共政策文件中精确提取主题是一项具有挑战性的任务。基于主题的公共政策分析的基本思路是——文档实质上是潜在主题的混合。其中，根据词项分布能有效体现主题内容，对应权重表达了主题在文档中的相对重要性。LDA基于分层贝叶斯模型，认为文档的词项均"以一定概率选择了某个主题，并从这个主题中以一定概率选择某个词语"。文档到主题服从多项式分布，主题到词也服从多项式分布。公共政策主题的变化反映了规制的差异性，暗含了政策的演进，可以根据提取结果探究有关水资源规制的关注点和潜在趋势的变化。由于文本中的语言标记所代表的向量空间庞大且难以描述和解释，因此使用主题建模将向量空间缩小到可以计算的数量和可能有意义的维度。每个词项进行迭代后，对每个文档进行主题混合，然后从指向该主题的词中生成每个主题的组成部分，完成主题提取。

LDA模型算法的参数设定，包括 α,β 和主题的数量 K。根据已有研究，本书将参数 α 和 β 分别设定为 0.1 和 0.01。主题数目 K 的设定将显著影响最后生成的主题结果，一般随着研究问题和分析数据的不同而变化。由于LDA模型是一个聚类模型，因此选择主题数量时为使该聚类结果有意义，就需要主题之间存在差异。由于语料库均源于水资源公共政策的分析，受限于领域，主题数量不会过多，将 K 的取值范围设定为[1,15]，经15次循环后，计算不同 K 值下相应的困惑度；根据困惑度最小原则，取 $K=5$，此时主题提取结果最理想。调用LDA主题模型，经1 000次迭代后，各主题的词项根据概率进行分类，形成水资源公共管理政策主题的建模和可视化。

4.6.2 基于LDA的水资源公共政策主题提取与分析

本书采用Python中的Gensim模块,对1999—2018年的水资源公共政策分别进行主题提取,具体步骤如下。

步骤1:初始化参数$\alpha=0.1$、$\beta=0.01$,文档中进行规范化和分词处理,形成待分析语料。

步骤2:建立一个临时词典集合,将语料中的每个词项映射为一个数值存储于该词典。

步骤3:将待分析语料转换为数值型词袋向量,句子中的每个词项及其频率用元组的形式来表示。

步骤4:建立语料的TF-IDF加权模型,即语料中的每个词项以其TF-IDF值作为权重。

步骤5:对于每个文档,随机将每个词项初始化为K个主题之一。

步骤6:开始如下的一个迭代过程。

对于每个文档D与每个词项W,计算$P(TID)$,即D中词项W分配给主题T的概率;计算$P(WID)$,即对于含有词项W的所有文档分配给主题T的概率,考虑所有其他词项及其主题分配,用主题T和概率P相乘,即$P(TID) \times P(WID)$重新分配词项W。

步骤7:综合每个文档的主题,生成最终主题及其对应主题词和权重。

值得注意的是,与隐含语义分布LIS不同,基于LDA算法提取的主题之间可能存在交叉,甚至重叠,但其对应的权重皆为正数。所以,同一阶段的水资源公共政策的主题可能存在交叉与独立两种情况;根据主题权重值的大小,可判断主题在该阶段的重要性;同一主题下,根据词项权重排序情况,以权重高的词项概括该主题的内容。

依据上述步骤,分别构建五个规制阶段的主题框架,按照主题所含词项和权重,归纳每个主题的中心内容,采用可视化图形工具LAvis直观地归纳水资源公共政策的主题,左侧的圆形区域越大,对应的主题越关键。各阶段分析如下所示。

・第一阶段(1999—2000年)主题可视化结果

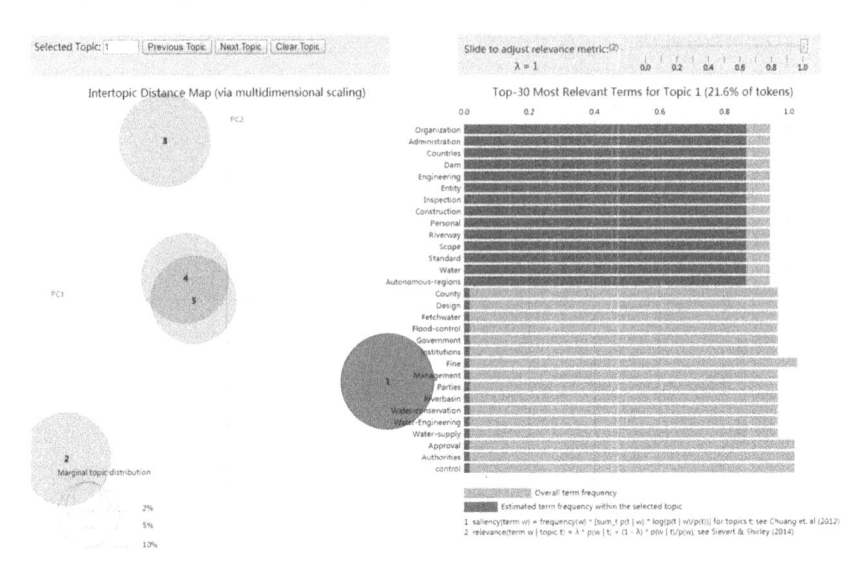

图 4.4 阶段一(1999—2000年)主题可视化展示

如图 4.4 所示，主题 4 和主题 5 存在交叉，其余主题间相互独立。根据右侧可得到主题 1 所对应的权重前 30 的词项(其余 4 个主题的 LAvis 结果详见附录Ⅱ)。第一阶段 5 个主题所对应权重排名前十的关键词项如表 4.2 所示。

表 4.2 第一阶段(1999—2000年)各主题对应高频词项

词项排序	主题				
	1	2	3	4	5
1	组织	管理	措施	机关	申请
2	行政	县级	批准	行政处罚	要求
3	国家	防洪	部门	罚款	保护
4	大坝	人民政府	制定	直辖市	处罚
5	工程	机构	设施	水利部	质量
6	单位	地方	防洪	建设工程	负责
7	稽察	取水	禁止	规划	方案
8	建设	当事人	处理	计划	国务院
9	个人	流域	防治	规定	办法
10	河道	水土保持	安全	监督	决定

结合图4.4与表4.2可知：主题4与主题5交叉重叠，总面积为5个主题中最大，说明所涉及的主题是第一阶段水资源规制的主要内容。主题4和主题5主要涉及的水资源管理目标为"保护""质量"，规制主体为"国务院""水利部"等行政机关，规制客体为"直辖市""建设工程"，规制手段主要是"行政处罚""罚款""规划"。主题4和主题5规制主体围绕"保护""质量"等目标，对直辖市和重大建设工程提出规划、计划，规制执行情况将被监督，如果违反规制，将受到负向约束；主题1主要关于该阶段的规制主体与客体；主题2明确了规制目标"取水""水土保持""防洪"主要由规制主体"县级""人民政府""地方""机构"对"当事人"进行管理；主题3围绕"防洪""安全"目标，相关"部门"应制定对应的"安全防治措施"涉及"设备、禁止和处理违规行为"。1998年中国暴发大面积洪涝灾害，给人民群众的生命安全和财产安全造成不可挽回的损失。洪水的侵袭对中国水资源公共政策产生影响，因此第一阶段的规制主题是保护水质和防洪安全。

• 第二阶段(2001—2004年)主题可视化结果

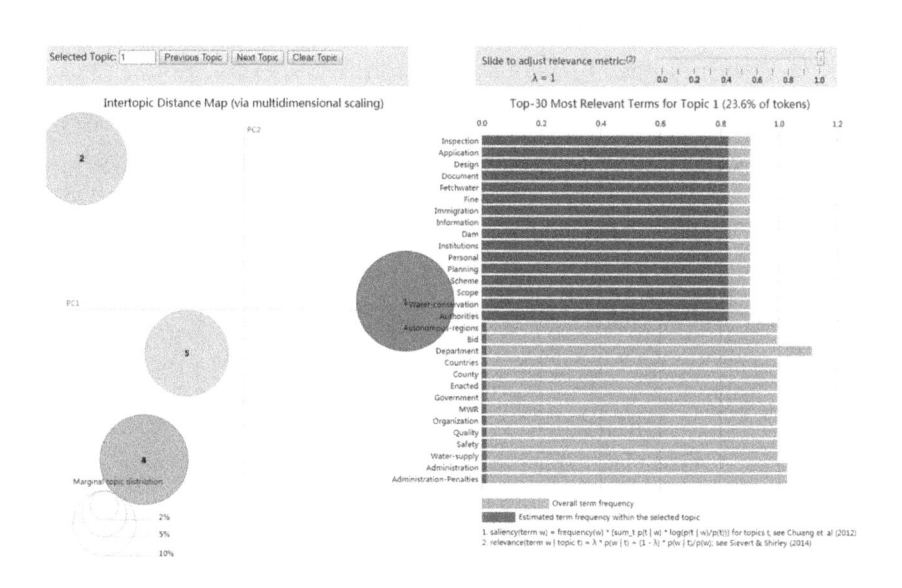

图4.5　第二阶段(2001—2004年)主题可视化展示

如图4.5所示，主题3和主题4重叠，其余主题间相互独立。根据右侧可得到主题1所对应的权重前30的词项(其余4个主题的LAvis结果详见附录Ⅱ)。第二阶段5个主题所对应权重排名前十的关键词项如表4.3所示。

表4.3　第二阶段(2001—2004年)各主题对应高频词项

词项排序	主题				
	1	2	3	4	5
1	稽察	水利部	项目	处理	建设项目
2	申请	自治区	行政处罚	行政	部门
3	设计	国家	防洪	防汛	工程
4	文件	县级	地方	管理	设施
5	取水	制定	机关	措施	直辖市
6	罚款	人民政府	决定	单位	负责
7	移民	城市	河道	规定	流域
8	资料	组织	监督	采砂	标准
9	大坝	质量	办法	国务院	要求
10	机构	安全	长江	水利工程	

结合图4.5与表4.3可知：主题3与主题4重叠,主题1的面积为5个主题中最大,说明主题1是第二阶段水资源规制的主要内容。主题1涉及三峡大坝相关"设计""取水""移民""资料"等问题,采取"稽查"方式进行监管,"罚款"是对规制客体行为的主要约束方式;主题2则明确为了实现水资源"质量""安全"目标,各级规制主体(水利部、自治区、县级、人民政府)均需要"制定"相关政策并"组织"实施;主题3和主题4主要是规范长江流域的"采砂""防洪""水利工程"与"河道维护"行为,"国务院"要求"地方""单位"按照"规定""办法"进行监督,采用"行政处罚"约束规制客体行为;主题5强调"水利工程建设项目(含设施)"应满足"标准""要求","流域"的"直辖市"应"负责"管理工作。2000年1月24日,三峡工程由土建施工为主转入土建与机组埋件安装并举的阶段。根据三峡工程建设移民工作实践,形成《长江三峡工程建设移民条例(修订草案)》修改(2001年),补充和完善1993年的移民条例;2001年8月30日,由中国社会科学院和国务院三峡建设委员会移民局承担的《中国三峡工程移民人权保障实证研究》在北京正式启动。

· 第三阶段(2005—2010年)主题可视化结果

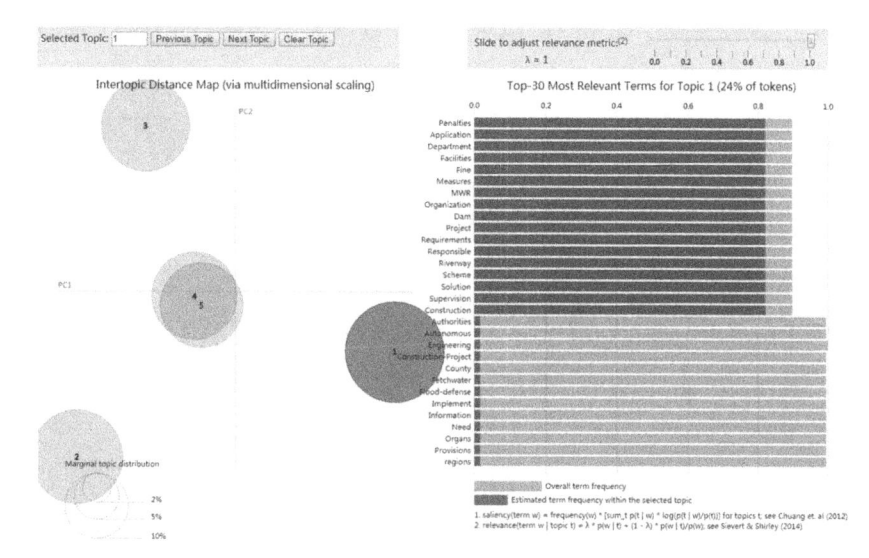

图 4.6　第三阶段(2005—2010年)主题可视化展示

如图 4.6 所示,主题 4 和主题 5 交叉,其余主题间相互独立。根据右侧可得到主题 1 所对应的权重前 30 的词项(其余 4 个主题的 LAvis 结果详见附录Ⅱ)。第三阶段 5 个主题所对应权重排名前十的关键词项如表 4.4 所示。

表 4.4　第三阶段(2005—2010年)各主题对应高频词项

词项排序	主题				
	1	2	3	4	5
1	处罚	实施	质量	行政	国家
2	申请	主管部门	行政许可	单位	生产
3	部门	建设项目	制定	人民政府	审查
4	设施	县级	工程	管理机构	安全
5	罚款	取水	防洪	直辖市	范围
6	措施	防汛	管理	规划	国务院
7	水利部	城市	设计	流域	水土保持
8	组织	资料	采砂	用水	地方
9	大坝	需要	标准	批准	
10	建设项目	机关	水利工程		

结合图4.6与表4.4可知：主题4与主题5交叉，主题1的面积为5个主题中最大，说明主题1是第三阶段水资源规制的主要内容。主题1所涉及的公共政策主要涉及"水坝"等大型"建设项目""设施"，通过"处罚""罚款"倒逼落实"部门"规制；主题2主要关于地方"主管部门"通过"建设项目"落实"城市(县)"的"防汛""取水"规制，同时重视"资料"积累，满足用水需求；主题3则明确为了确保工程(尤其是水利工程)质量，发挥防汛功能，应制定合理的设计标准；使用"行政许可"规范"采砂"行为；主题4则是为实现"水土保持、安全"的规制目标，国家、地方和流域对应的规制机构"国务院""地方人民政府"和"流域管理机构"需要"规划""批准"以界定合理"用水"范围，并开展"审查"督促落实"规划、批准"。

- 第四阶段(2011—2014年)主题可视化结果

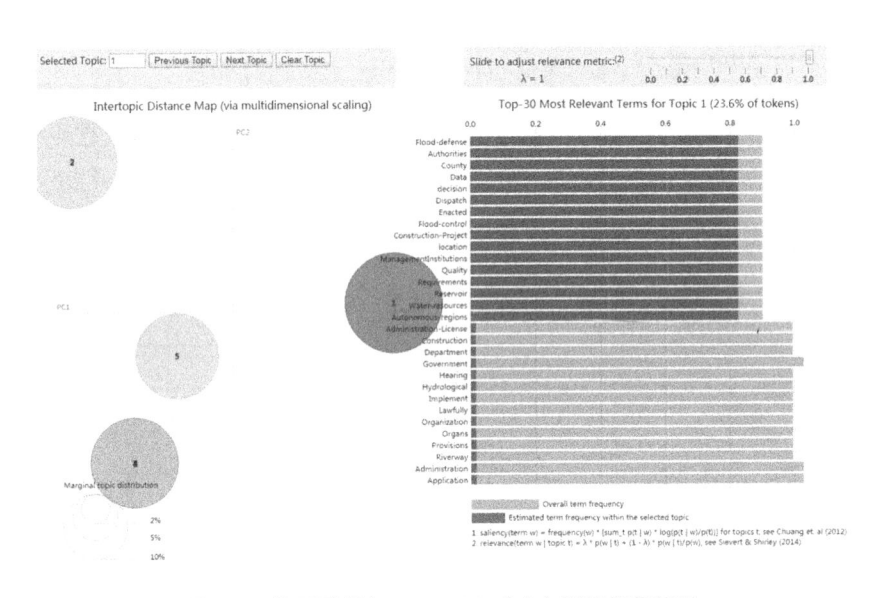

图4.7　第四阶段(2011—2014年)主题可视化展示

如图4.7所示，主题3和主题4重叠，其余主题间相互独立。根据右侧可得到主题1所对应的权重前30的词项(其余4个主题的LAvis结果详见附录Ⅱ)。第四阶段5个主题所对应权重排名前十的关键词项如表4.5所示。

表 4.5　第四阶段(2011—2014 年)各主题对应高频词项

词项排序	主题				
	1	2	3	4	5
1	防汛	依法	国务院	人民政府	批准
2	主管部门	行政许可	城市	行政	规划
3	县级	罚款	负责	单位	生产
4	资料	听证	范围	设施	安全
5	决定	水文	标准	取水	方案
6	调度	实施	措施	国家	办法
7	制定	部门	监理	管理	监督
8	防洪	组织	用水	需求	水量
9	建设项目	机关	水利工程	流域	直辖市
10	地方	规定	供水	水土保持	

结合图 4.7 与表 4.5 可知：主题 3 与主题 4 重叠，主题 1 的面积为 5 个主题中最大，说明主题 1 是第四阶段水资源规制的主要内容。由表 4.5 可知，主题 1 为了实现"防洪"目标，"地方"（"县级"）"主管部门"应该根据历史"资料"制定调度方案，加强"防洪""建设项目"；主题 2 则强调规制机构应"依法"进行规制设计，形成"规定"，可采用的规制手段有"行政许可""罚款"，明确规制的"组织"和"实施""部门"，可采用"听证"方式，提高规制的可实施性和透明度；主题 3 和主题 4 则是关于加强防洪工程建设和管理，按照"调度""水库""权威""工程建设"的原则，做好防洪抗洪工作；主题 2 是"依法""组织""实施"河道管理范围内项目建设规划审查和水利工程行政审批制度改革；主题 3 与主题 4 重叠，均以"水土保持"保障"用水"为规制目标，为此不同层次的规制机构"国务院""水利部""地方政府"和"流域管理机构"出台了系列规制，包括：供水管理、水利工程监理、技术标准设定等；主题 5 围绕"水量"目标，提出"规划""方案""办法"，在安全生产的前提下，进行监督管理，遵循年度配水计划和调度计划。随着"最严格水资源管理制度"的实施，该阶段规制除了保障水安全，还应切实执行"水量"，依法开展水资源管理，提高规制制定过程的透明度，进而提高实施效率。

·第五阶段(2015—2018年)主题可视化结果

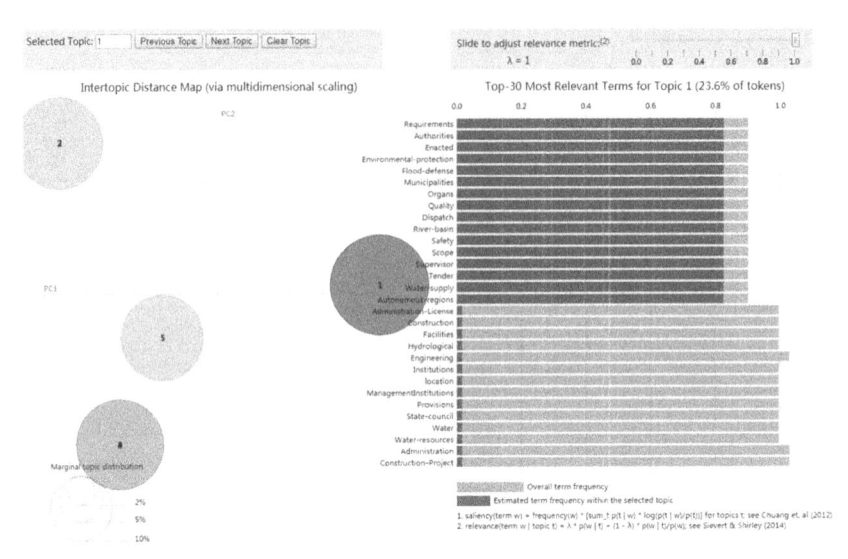

图 4.8　第五阶段(2015—2018年)主题可视化展示

如图 4.8 所示,主题 3 和主题 4 重叠,其余主题间相互独立。根据右侧可得到主题 1 所对应的权重前 30 的词项(其余 4 个主题的 LAvis 结果详见附录Ⅱ)。第五阶段 5 个主题所对应权重排名前十的关键词项如表 4.6 所示。

表 4.6　第五阶段(2015—2018年)各主题对应高频词项

词项排序	主题 1	主题 2	主题 3	主题 4	主题 5
1	要求	管理机构	生产	听证	申请
2	主管部门	行政许可	建设项目	行政	投标
3	制定	水文	取水	工程	城市
4	环境保护	实施	移民	单位	部门
5	防汛	机构	规划	人民政府	依法
6	直辖市	地方	决定	南水北调	负责
7	机构	设施	水库	管理	河道
8	质量	规定	方案	组织	监督
9	调度	国务院	办法	特许	批准
10	流域	用水	水量	水利工程	

结合图 4.8 与表 4.6 可知:主题 3 与主题 4 重叠,主题 1 的面积为 5 个主

题中最大,说明主题1是第五阶段水资源规制的主要内容。由表4.6可知,主题1中公共政策以"环境保护""防汛"和"水资源质量"为目标,"要求"各"主管部门""机构""直辖市"制定"流域"相关规制;主题2是主要以确保"用水"为目标,"国务院""地方"政府将形成"水文监测""设施保护"等相关"规定",以"行政许可"为主要规制方式;主题3则是围绕"水量"目标,探讨通过"规划""决定""方案""特许"和"办法"等公共政策,修建"南水北调""水库"等"水利工程",保障合理取水,同时,采用"听证"的方式进行规制设计。主题5关于"城市河道管理",提出"依法"采用"投标"方式进行河道工程建设,相关"部门""负责""监督"。

4.7 从规制主题到水资源管理政策

通过抽取和分析各阶段的水资源公共政策的主题,从"规制目标、主体、客体、方式和形成过程"五个方面对水资源规制的演化进行分析。

(1) 水资源公共政策主题反映了中国的水资源管理涉及多重目标:供水、质量、安全和环境。根据主题分析结果可知,除第三阶段外,供水在其余四个阶段均为规制目标。但是实现"供水"目标的路径从第一、二阶段的"生产"转向第四、五阶段的通过节水和加工"改进使用";"水安全"目标主要体现为各阶段的防洪、防汛要求;环境目标由第一、二阶段的"水土保持"转变为第四、五阶段的"环境保护",说明水资源对环境影响的认知范围逐步扩大。另外,第四阶段"南水北调"大型水利工程投入使用以来,优化"跨区域供水"成为水资源管理的新目标。

(2) 中国水资源管理过程中涉及的规制主体众多,但是规制主体结构较为稳定:根据《中华人民共和国水法》(2016年)的规定,水资源管理局的结构相当稳定。从国务院领导下的统一防洪监督到各级流域、地方的协调调度。国务院处于规制机构首位,第四阶段自然资源部的成立代替水利部实施水资源监管,摒弃单一的资源管理模式,水资源管理进入协同时代。另外,水资源公共政策清晰界定了监管机构的职责和权限,从而确保了监管执行。

(3) 水资源公共政策主题提取中涉及多种水资源规制课题,主要包括建设项目、水利工程设施和河道流域。建设项目主要涉及水利工程,如三峡工程、南水北调工程等大型水利工程以及农村灌溉工程等小型水利工程。值得关注的是大型项目的社会影响,例如移民安置和灌溉,也是重要的规制客体;项目建成后,从第三阶段开始,工程设施管理成为规制主要客体;河道流域包含了省、自治区和直辖市的河道,跨流域调度的取水及分配。

(4) 根据主题提取结果可知,中国水资源规制的不同阶段,资源规制工具发生了明显的变化:从第一阶段到第三阶段,"控制""罚款"是规制的主要形式;从第三阶段开始,"行政许可"和"监督"按规定执行;从第四阶段开始,行政处罚不再是主要的规制手段;在第五阶段,"投标""水权交易"和"罚款"均被列为规制手段;在规制主体结构调整的背景下,第五阶段强调多种规制工具的"协同"使用。

(5) 根据主题提取结果可知,中国水资源规制的制定过程有了极大的进步:近20年来,不同监管机构的规划、方案、办法和标准等建立了监管框架,但是从第一阶段到第三阶段,上述规制的形成过程并不透明;从第四阶段开始,"依法""听证"出现在水资源管理公共政策中,说明规制机构"依法治国",提高了决策的透明度。

水资源短缺、水污染和水灾害等问题,使人们意识到水的稀缺性和不可替代性,导致水"工程"到水"资源"的概念转换。因此,针对水问题变化的加快,形成了以"资源水利"代替"工程水利"的新思路。关于"治理"主要体现在五个时期的术语转换,如从"供水"到"取水"、从"规定"到"适用"。从而实现政府、社会与市场的循环互动。从以传统管理与"控制"为核心的现代治理转向"良好治理"的目标("供水""用水"和"取水""法律"),从工程技术控制("水利工程")的全面管理,到建立新的水资源管理结构。

水资源是社会经济可持续发展的基础。基于可视化的水资源规制主题发现防洪抗旱、农田水利、城乡供水、水资源管理、水利工程建设、水质管理、水资源保护、节水等主题备受关注,同时根据1999—2018年间国家设立的多级管理机构所形成的复杂规制体系,总结出了应对水资源短缺、水污染和水灾害等问题的举措,避免"公地悲剧"的发生,将主题映射到水资源管理规制中并筛选出10条规制重点方式(结果见表5.2)。

治理应已成为当代政府干预社会经济生活的基本形式。在治理模式上，体现为单一行政管理模式的摒弃，多主体共同治理模式的构建，进而实现政府、社会和市场三者的循环互动。实际上，我国水资源制度构建的核心也在于此，即管理制度的转型，由以"控制"为核心的传统管理模式转向以"善治"为目标的现代治理模式，从工程技术控制走向综合治理，建立新型水治理结构和体制。本研究提出如下的水资源多重治理建议。

首先，水资源治理的调控层次。这一层次中，政府作为主体，对水资源治理起着主导作用，其作用范围从直接调配水资源转向实施水权管理调控，配置水资源；从直接投资办水利转向大规模利用社会资本办水利；从直接办污水处理厂转向采用制定标准和强化监管来保障水安全；从全方位提供水利产品转向专注于提供贫困人口用水、生态用水、灌区节水改造和跨行政区污染控制等公共物品和服务；从直接行政管制转向宏观调控，做好水市场的裁判员、服务员和信息员。

其次，水资源治理的基础层次。这一层次中，市场作为主体，对水资源治理起着基础性甚至决定性作用，即在明晰水权的基础上，水资源配置方式由政府向市场转化，且市场机制的作用不断增强，最终形成一种有效、规范的体系和运行制度。要发挥市场的基础性作用，就必须通过水资源的产权化、资本化和产业化来完善水资源市场体系建设和秩序规范。

最后，水资源治理的中间层次。这一层次中，社会主体主要包括社会中间组织和公众，其作为主体起着参与的重要作用，即确认社会主体的参与资格，扩大社会主体的参与范围，增强水资源治理决策的公众参与度，实现全方位的社会主体参与。

4.8 本章小结

本章选取水资源公共政策作为数据源，利用 TF-IDF 方法提取数据文本的关键字，运用 VSM 对该文本进行聚类处理。根据聚类结果采取 LDA 提取各阶段主题，结合视图可视化技术进行展示，实现对水资源规制文本数据主题的可视化探索分析，丰富了政策分析领域、文本挖掘领域的研究。根据文本挖掘结果将自 1999 年以来水规制政策的变迁过程划分成五个阶段,并且从五个维度分析水资源规制的演化,提出未来水资源规制特点为:多目标、稳定规制主体结构、客体从工程转变为设施和取配水、多种规制工具协同、更透明与法制。

第五章
水资源规制传导路径分析

5.1 语义网络分析与水资源规制提取

为了提取当前水资源规制的主要内容,直观地展现各个关键词项间的联系,根据附录Ⅰ中第四个阶段(2015—2018年)的高频词以及词频数,采用Netdraw软件对该阶段的词项进行语义网络分析。

为了更进一步分析文本语义网络的中心词及关键词之间联系的紧密程度,通过社会网络分析,得到中心性分析和网络密度分析。具体工程由社会网络分析软件Ucinet实现,网络中心性与密度分析结果,分别如表5.1、图5.1所示。

表5.1 当前水资源公共政策语义网络中心性分析

排序(根据中心度均值)	关键词	度数中心度	中间中心度
1	部门	0.552 632	1.054
3	主管	0.5	0.349
5	人民政府	0.473 684	0.628
2	行政	0.473 684	0.534
4	管理	0.421 053	0.518
6	建设	0.263 158	0.154

续表

排序(根据中心度均值)	关键词	度数中心度	中间中心度
8	规定	0.263 158	0.421
7	单位	0.236 842	0.020
9	工程	0.184 211	0.069
11	机构	0.157 895	0
13	流域	0.157 895	0
24	县级	0.157 895	0
25	地方	0.157 895	0
10	项目	0.131 579	0
15	保护	0.105 263	0
16	环境	0.105 263	0
17	批准	0.105 263	0
18	监督	0.105 263	0
41	直辖市	0.078 947	0.026
31	国务院	0.078 947	0

Density (matrix average)=0.006 8

Standard deviation=0.082 1

Use MATRIX>TRANSFORM>DICHOTOMIZE procedure to get binary image matrix.

Density table(s) saved as dataset Density

Standard deviations saved as dataset DensitySD

Actor-by-actor pre-image matrix saved as dataset DensityModel

图 5.1 当前水资源公共政策语义网络密度分析

由图 5.1 可知:当前水资源公共规制主体较多,相关的公共政策频出,更加重视生态环境和流域系统整治,各流域均出台了相应的规章制度,这也使得关联词网络密度和方差几乎没有发生改变;另外,我国水资源政策文本内容主要集中在少数几方面,彼此之间缺少联系,内容设计不对称的现状依然存在,仍需较长时间加以改善。当前,"部门"的度数中心度和中间中心度最高,说明规制主体部门在水资源管理体系中处于核心地位,整体来讲各关键词的度数中心度和中间中心度排名保持着高度一致,几乎相差不大,只有直辖市这一关键词度数中心度较低但中间中心度较高,这也说明直辖市是当前水资源公共政策频出且关注度高的对象。根据上述分析结果,形成当前水资源规制的 10 种形式,如表 5.2 所示。

表 5.2 当前水资源主要规制形式

编号	规制内容
S_1	取水量规划(取水申请安排和对不同取水单位的不同取水标准等)
S_2	流域水资源调度(例如黄河、淮河和太湖等流域水的调度方案安排)
S_3	污水排放标准(污水浓度、禁排污水以及接纳污水的标准)
S_4	水污染监督(饮用水、退水中的污染物的量和浓度,企业污染防治等)
S_5	流域环境(含水土)保护(流域管理机构的工作,按流域进行保护和规划)
S_6	水资源安全(饮用水、供水、水工程安全等)
S_7	水资源监管人员安排(河长制、湖长制等)
S_8	《国务院关于实行最严格水资源管理制度的意见》划定水资源管理的三条红线
S_9	水利工程(含维护)项目公开招标(必须进行招标的项目标准等)
S_{10}	水库经济运行

为了实现水资源规制传递路径分析,后文拟运用 DEMATEL-ISM 实现规制结构分析,包含相对重要性、层次划分与传导路径三方面。具体思路如图 5.2 所示。

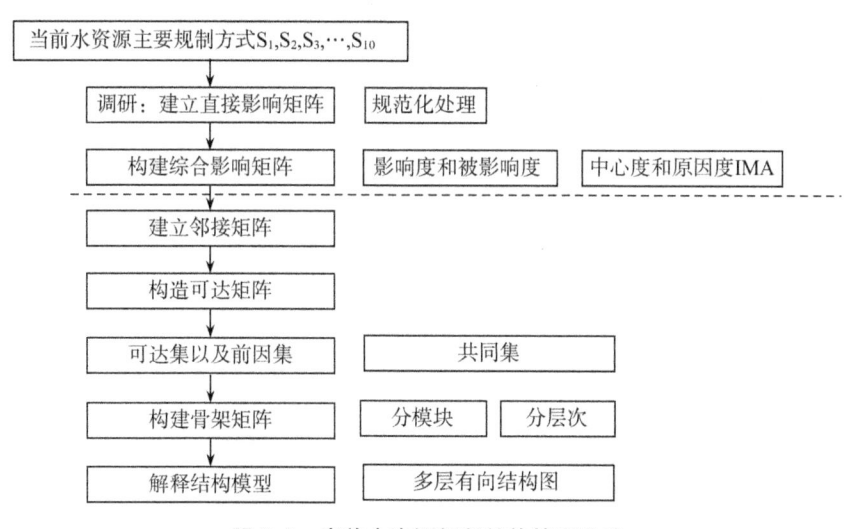

图 5.2 当前水资源规制结构梳理思路

由图 5.2 可知,基于 DEMATEL-ISM 方法,可以定量地对水资源监管政策的影响因素进行比较和程度的排序,改进传统的解释结构模型无法较为准确地表达两要素间重要程度的缺陷。基于解释结构模型可将规制系统进行分解,确定规制系统的层次,从而实现水资源规制的路径分析。

5.2 访谈调查与数据预处理

围绕当前规制间的相互影响关系,以表5.2为主要访谈(调查)提纲,采用专家打分法赋值规制间的相互作用程度。为了确定不同规制之间的直接影响程度,根据0~4的分级比例标度,分别对不同的水资源规制间的直接影响关系进行等级划分,即规制S_i对规制$S_j(i,j=1,2,3,\cdots,10)$的影响程度记为r_{ij},则r_{ij}的赋值与意义如表5.3所示。

表5.3 a_{ij}的赋值与含义

赋值	含义
0	规制S_i对规制S_j无影响
1	规制S_i对规制S_j存在弱影响
2	规制S_i对规制S_j存在中等影响
3	规制S_i对规制S_j存在强影响

a_{ij}将由专家给出,专家的专业、客观将直接影响赋分的准确情况。因此,本研究邀请不同机构、拥有不同实践经验和学养丰富的18位专家进行访谈。专家的具体情况如图5.3所示。

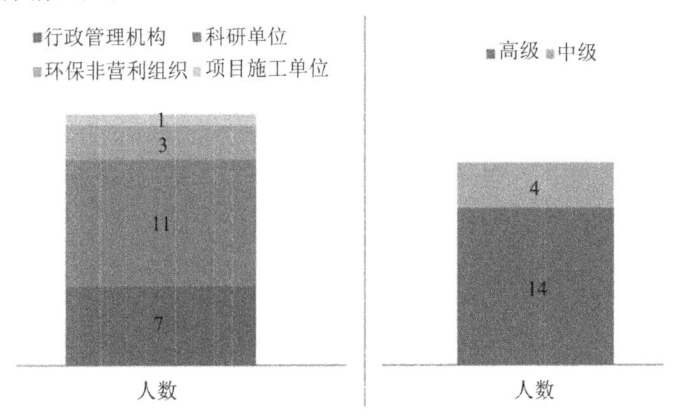

图5.3 专家职称和工作单位分布情况

由图 5.3 可知，参与访谈的专家超过 70% 具有高级职称，博士占比 94.4%，工作单位涵盖行政管理、科研、项目施工单位和环保非营利性组织。经电话沟通访谈要点后，为了使专家的思想和判断能够更加准确地呈现，2019 年 4 月至 5 月通过网络问卷实现专家评分记录。每个规制指标的最终权重为多个专家独立给出权重值的平均值，形成直接影响矩阵 $\boldsymbol{R}_{ij(10\times10)}$。以规制 S_1 对规制 S_2 的影响程度为例：18 位专家打分分别是 $\{3,1,2,3,2,3,3,3,3,3,2,3,3,3,3,3,3,3\}$，由 $\sum_{j=1}^{10} r_{ij}/10$，得到平均值结果为 2.722，则直接影响矩阵 $\boldsymbol{R}_{ij(10\times10)}$ 的元素 $r_{ij} = 2.722$。

5.3 基于 DEMATEL-ISM 的计算分析

5.3.1 相邻与综合影响矩阵

根据调研，形成的直接影响矩阵 $\boldsymbol{R}_{ij(10\times10)}$ 如表 5.4 所示。

表 5.4 直接影响矩阵 $\boldsymbol{R}_{ij(10\times10)}$

因	S_1	S_2	S_3	S_4	S_5	S_6	S_7	S_8	S_9	S_{10}
S_1	0									
S_2		0								2
S_3	0.944	1.111	0	2.556	2.278	2.389	2	2.5	0.944	0.889
S_4	1.111	1.167	2.765	0	2.611	2.722	2.222	2.5	0.833	0.833
S_5	1.944	2.111	1.944	1.889	0	2.556	2	2.111	0.889	1.278
S_6	2.556	2.611	2.278	2.278	2.333	0	1.722	2.611	1.056	1.444
S_7	1.222	1.333	1.778	2.444	2.222	1.889	0	2.167	1.389	0.889
S_8	2.5	2.556	2.556	2.389	2.278	2.611	1.389	0	1.167	1.294
S_9	0.556	0.722	1.056	1	1.167	1.389	1.222	1.167	0	0.5
S_{10}	2.222	2.389	1	1	1.944	2.167	1	1.722	0.556	0

根据表 5.4，绘制规制间两两影响关系如图 5.4 所示。

由表 5.4、图 5.4 可知，规制间的直接影响关系呈现无规律且复杂的变化。另外，考虑到规制扩散过程中，存在间接影响，因此建立综合影响矩阵可以

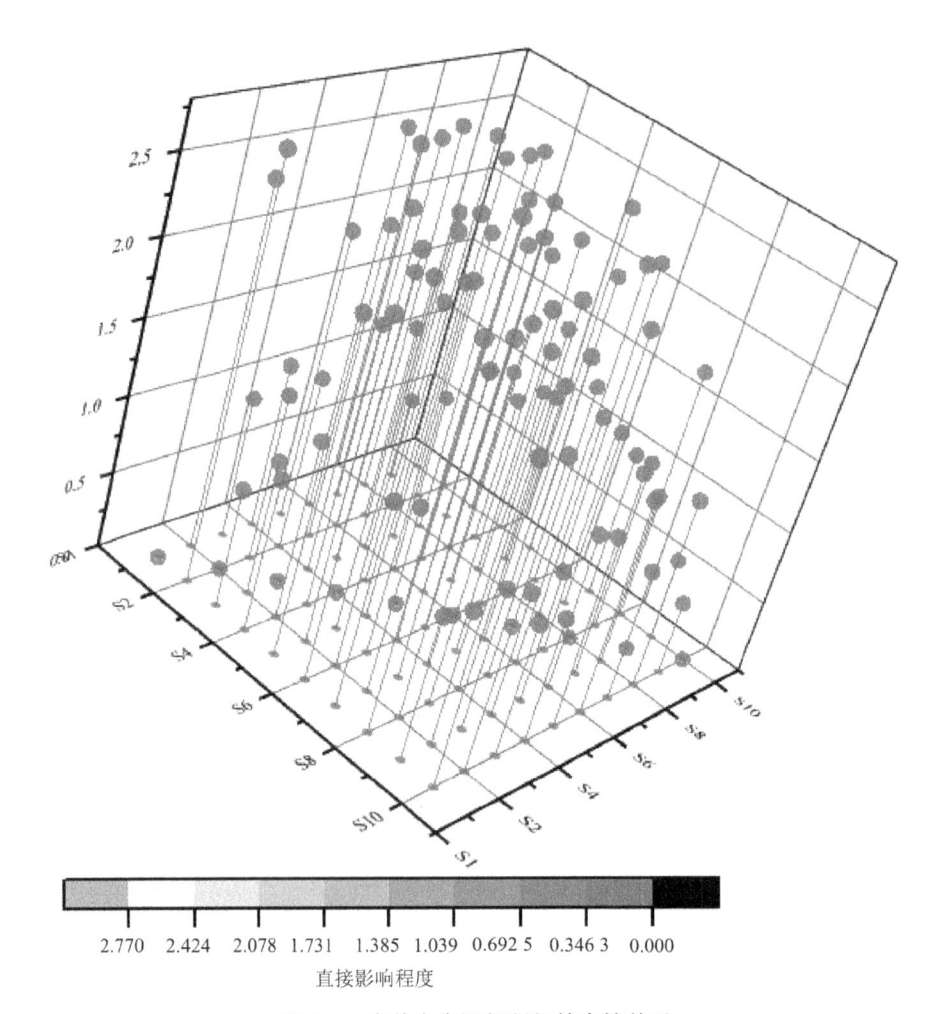

图 5.4 当前水资源规制间的直接关系

反映各因素之间的直接和间接关系,综合影响矩阵记为 $D(D=[d_{ij}]_{(n\times n)})$,如表 5.5 所示。

表 5.5 综合影响矩阵 $D(D=[d_{ij}]_{(n\times n)})$

因素	S_1	S_2	S_3	S_4	S_5	S_6	S_7	S_8	S_9	S_{10}
S_1	0.536	0.697	0.55	0.578	0.725	0.807	0.534	0.756	0.342	0.489
S_2	0.639	0.561	0.548	0.578	0.714	0.799	0.522	0.744	0.335	0.48
S_3	0.564	0.605	0.509	0.645	0.72	0.78	0.561	0.746	0.338	0.42
S_4	0.607	0.645	0.672	0.562	0.776	0.84	0.603	0.79	0.353	0.444
S_5	0.641	0.684	0.624	0.641	0.646	0.827	0.584	0.766	0.351	0.464

续表

因素	S_1	S_2	S_3	S_4	S_5	S_6	S_7	S_8	S_9	S_{10}
S_6	0.729	0.772	0.698	0.718	0.829	0.788	0.627	0.863	0.393	0.517
S_7	0.558	0.596	0.576	0.62	0.696	0.737	0.449	0.71	0.348	0.408
S_8	0.721	0.764	0.705	0.718	0.822	0.904	0.609	0.736	0.395	0.507
S_9	0.322	0.349	0.341	0.348	0.406	0.447	0.325	0.415	0.166	0.24
S_{10}	0.578	0.616	0.499	0.515	0.643	0.707	0.464	0.65	0.289	0.346

5.3.2 影响程度、被影响程度、中心度和原因度

根据所建立的综合影响矩阵 D，计算各因素的影响程度、被影响程度、中心度和原因度。其中，规制 i 的影响程度记作 f_{ij}，表示该水资源规制 i 对其他规制 j 的综合影响程度，将综合影响矩阵 D 中第 i 行的所有元素相加即可得到；规制 i 的被影响程度记作 e_{ij}，将综合影响矩阵 D 中第 i 列的所有元素相加即可得到；规制 i 的中心度记作 m_{ij}，表示规制 i 在水资源系统中对其他规制起到的影响程度大小，即重要程度，等于 f_{ij} 与 e_{ij} 之和（中心度越大，因素越重要）；水资源规制 i 的原因度记作 n_{ij}，反映了 i 对其他规制因素 j 的影响，等于 f_{ij} 与 e_{ij} 之间的差，且原因度 n_{ij} 会呈现出两种不同结果，如果 $n_{ij} > 0$，则该因素对其他因素的影响更明显，对应的水资源规制是表示驱动作用的原因因素，如果 $n_{ij} < 0$，即其他因素对该因素的影响要大于该因素对其他因素的影响程度，可被判定为结果因素。综上所述，f_{ij}、e_{ij}、n_{ij}、m_{ij} 的计算如下：

$$f_{ij} = \sum_{j=1}^{10} a_{ij} (i=1,2,\cdots,10) \tag{5.1}$$

$$e_{ij} = \sum_{j=1}^{10} a_{ij} (i=1,2,\cdots,10) \tag{5.2}$$

$$m_{ij} = f_{ij} + e_{ij} (i=1,2,\cdots,10) \tag{5.3}$$

$$n_{ij} = f_{ij} - e_{ij} (i=1,2,\cdots,10) \tag{5.4}$$

方程式(5.1)—式(5.4)，可计算得到规制的影响度、被影响度、原因度以及中心度等度量指标的数据以及排序结果，如表5.6、图5.5所示。

表 5.6　影响度、被影响度、原因度以及中心度

规制	影响度（f_{ij}）	f_{ij} 排序	被影响度（e_{ij}）	e_{ij} 排序	原因度（n_{ij}）	n_{ij} 排序	中心度（m_{ij}）
S_1	6.012	5	5.894	6	11.906	6	0.118
S_2	5.919	6	6.288	4	12.207	5	−0.369
S_3	5.886	7	5.722	7	11.608	7	0.164
S_4	6.292	3	5.923	5	12.215	4	0.369
S_5	6.228	4	6.977	3	13.205	3	−0.749
S_6	6.934	1	7.635	1	14.569	1	−0.701
S_7	5.698	8	5.277	8	10.975	8	0.421
S_8	6.880	2	7.176	2	14.056	2	−0.296
S_9	3.359	9	3.309	10	6.668	10	0.050
S_{10}	5.306	10	4.313	9	9.619	9	0.993

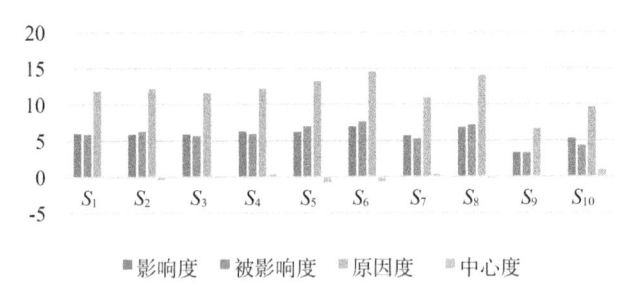

图 5.5　主要水资源规制的综合影响程度

由表 5.6、图 5.5 可知,规制 S_2、S_5、S_6 和 S_8 的被影响度均大于影响度,原因度为负,因此,这四个规制可被视为先行规制执行后的后继规制(结果),其中,规制 S_5、S_6 和 S_8 的中心度最高,说明这三个规制需要依赖多种规制实施后才能得以顺利实施,且其实施效果将影响后继规制的实施;规制 S_1、S_3、S_4、S_7、S_9 和 S_{10} 的影响度均大于 0,为前置性规制,是后继规制执行的基础,即这六个规制可被视为后继规制执行前需要先行实施的规制。值得关注的是,规制 S_6 的影响度和被影响度均排名第一,且原因度为负,可见 S_6 所对应的"水资源安全"是规制体系的核心内容,依赖于其他前置规制的实现。

5.3.3　整体影响矩阵

综合影响矩阵 $\boldsymbol{D}_{ij}$ 体现各个规制之间的影响程度,但是没有反映出因素

对自身的影响。基于此,借助单位矩阵 I,构造出整体影响矩阵 $H_{ij(10\times 10)}$,$H=D+I$,如表 5.7 所示。

表 5.7　整体影响矩阵 $H_{ij(10\times 10)}$

因素	S_1	S_2	S_3	S_4	S_5	S_6	S_7	S_8	S_9	S_{10}
S_1	1.536	0.697	0.55	0.578	0.725	0.807	0.534	0.756	0.342	0.489
S_2	0.639	1.561	0.548	0.578	0.714	0.799	0.522	0.744	0.335	0.48
S_3	0.564	0.605	1.509	0.645	0.72	0.78	0.561	0.746	0.338	0.42
S_4	0.607	0.645	0.672	1.562	0.776	0.84	0.603	0.79	0.353	0.444
S_5	0.641	0.684	0.624	0.641	1.646	0.827	0.584	0.766	0.351	0.464
S_6	0.729	0.772	0.698	0.718	0.829	1.788	0.627	0.863	0.393	0.517
S_7	0.558	0.596	0.576	0.62	0.696	0.737	1.449	0.71	0.348	0.408
S_8	0.721	0.764	0.705	0.718	0.822	0.904	0.609	1.736	0.395	0.507
S_9	0.322	0.349	0.341	0.348	0.406	0.447	0.325	0.415	1.166	0.24
S_{10}	0.578	0.616	0.499	0.515	0.643	0.707	0.464	0.65	0.289	1.346

5.3.4　可达矩阵构建

基于整体影响矩阵 $H_{ij(10\times 10)}$ 形成可达矩阵 $K_{ij(10\times 10)}$ 的过程为:首先,设置阈值 λ;其次,比较 H_{ij} 与 λ 的大小,判断可达矩阵元素的取值如下:

$$K_{ij}=\begin{cases}1, & if\quad H_{ij}\geqslant\lambda\\ 0, & if\quad H_{ij}<\lambda\end{cases} \quad (5.5)$$

其中,$i,j=1,2,\cdots,10$。式(5.5)中 1 表示两个规制间的强关系,0 表示两个规制间无关系或弱关系(可以忽略不计)。λ 取值在 0 到 1 之间,通过阈值设定可以过滤规制间不显著的影响,有助于明确影响因素之间的多级的结构关系,也使得可达矩阵更为合理。通常来说 λ 取值越大,对结构的简化起到的作用就越明显,但是有可能带来信息损失。可通过规制因素的节点度来确定 λ 的取值。S_i 的节点度是指与水资源规制 i 有关的规制数,即可达矩阵中规制 S_i 所在的行和列的节点数的和,可表征每条水资源规制的重要程度。本书先取 λ 值分别为 0.6,0.65,0.7,0.75,记录节点度的结果如表 5.8、图 5.6 所示。

表 5.8 阈值 λ 取不同值下各水资源规制的节点度

规制	λ=0.6	λ=0.65	λ=0.70	λ=0.75
S_1	9	6	5	2
S_2	11	6	5	3
S_3	9	6	4	1
S_4	12	6	5	3
S_5	14	10	8	5
S_6	15	14	12	9
S_7	7	3	2	0
S_8	15	14	13	7
S_9	0	0	0	0
S_{10}	4	2	1	0

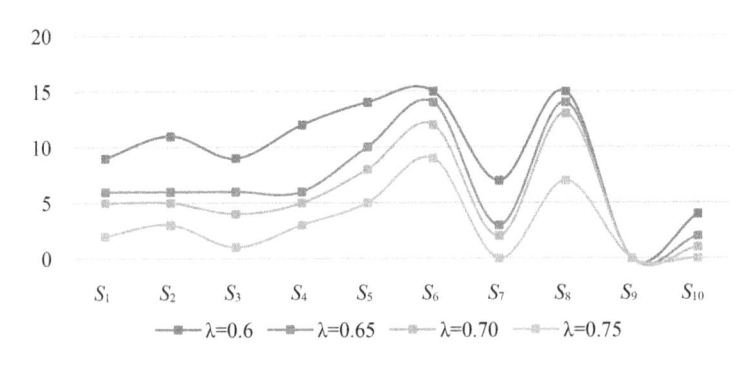

图 5.6 不同阈值 λ 下的节点度

通过计算节点度，并与前文中已经得出的中心度进行对比。重合程度越高、排序越相符，则意味着该 λ 值所对应的可达矩阵越能够较好表现出整体影响矩阵的结构特征。由图 5.6 可发现不同阈值 λ 对应的节点度有较大的差别，当阈值 λ 的取值为 0.65 时，节点度的数目处于一个相对中间的位置。另外，根据上文中得到规制的原因度大小排序为：S_6、S_8、S_5、S_4、S_2、S_1、S_3、S_7、S_{10}、S_9；当阈值 λ 取 0.65 时，节点度的大小排序为：S_6、S_8、S_5、S_4、S_2、S_1、S_3、S_7、S_{10}、S_9，其结果与中心度排序相符。因此，确定阈值 λ 取 0.65，并据此建立可达性矩阵 K，如表 5.9 所示。

表 5.9　可达矩阵 K

因素	S_1	S_2	S_3	S_4	S_5	S_6	S_7	S_8	S_9	S_{10}
S_1	1	1	0	0	1	1	0	1	0	0
S_2	0	1	0	0	1	1	0	1	0	0
S_3	0	0	1	0	1	1	0	1	0	0
S_4	0	0	1	1	1	1	0	1	0	0
S_5	0	1	0	0	1	1	0	1	0	0
S_6	1	1	1	1	1	1	0	1	0	0
S_7	0	0	0	0	1	1	1	1	0	0
S_8	1	1	1	1	1	1	0	1	0	0
S_9	0	0	0	0	0	0	0	0	1	0
S_{10}	0	0	0	0	0	1	0	1	0	1

5.3.5　构建多重水资源规制的结构模型

根据可达矩阵 K 建立层次结构模型：

首先，确定规制 S_i 对应的可达集和先行集。可达集（记作 R_i）由可达矩阵 K 第 i 行第 1 列对应的元素组成；先行集（记作 A_i）由可达矩阵 K 第 i 列第 1 行对应的元素组成；R_i 与 A_i 的交集是公共集（表示为 C_i）。不同规制划分的初始集合结果详见表 5.10。

其次，可达矩阵 K 的层次划分是确定规制 S_i 在矩阵中所处的层次。S_i 的可达集完全包含在先行集中，即对于 R_i 中的所有元素，S_i 的先行集可以在 A_i 中找到。其他因子可以达到因素 i 对应的水资源规制 S_i，而 S_i 不能达到其他规制；因此，将 R_i 中的所有元素构成底层因素集，并从矩阵 K 中删除相应的行和列。随后进行检验，对于集合 $C_i = R_i \cap A_i$，如果 $C_i = R_i$，则 R_i 内的水资源规制记为最高级规制，且处于同一个层级。

根据表 5.10，如果满足 $C_i = R_i = R_i \cap A_i$，则规制 S_2, S_5, S_6, S_8, S_9 均处于最低层，形成的其他规制的直接原因层（即底层）记为 L1 = {S_2, S_5, S_6, S_8, S_9}；第一层划分结束之后，将矩阵中的第一层级中的元素对应的行和列都划去，形成如表 5.11 所示的集合划分，并再次重复层级划分操作，得到 L2 = {S_1, S_3, S_7, S_{10}}，L3 = {S_4}。层级划分之后的可达矩阵 K_1 如表 5.12 所示。

表 5.10 规制可达集、前因集、共同集初始划分

S_i	R_i	A_i	$C_i=R\cap A$
S_1	1,2,5,6,8	1,6,8	1,6,8
S_2	2,5,6,8	1,2,5,6,8	2,5,6,8
S_3	3,5,6,8	3,4,6,8	3,6,8
S_4	3,4,5,6,8	4,6,8	4,6,8
S_5	2,5,6,8	1,2,3,4,5,6,7,8	2,5,6,8
S_6	1,2,3,4,5,6,8	1,2,3,4,5,6,7,8,10	1,2,3,4,5,6,8
S_7	5,6,7,8	7	7
S_{10}	6,8,10	10	10

表 5.11 规制可达集、前因集、共同集二次划分

S_i	R_i	A_i	$C_i=R_i\cap A_i$
S_1	1	1	1
S_3	3	3,4	3
S_4	3,4	4	4
S_7	7	7	7
S_{10}	10	10	10

表 5.12 可达矩阵 K_1

因素	S_2	S_5	S_6	S_8	S_9	S_1	S_3	S_7	S_{10}	S_4
S_2	1	1	1	1	0	0	0	0	0	0
S_5	1	1	1	1	0	0	0	0	0	0
S_6	1	1	1	1	0	0	0	0	0	0
S_8	1	1	1	1	0	0	0	0	0	0
S_9	0	0	0	0	1	0	0	0	0	0
S_1	1	1	1	1	0	1	0	0	0	0
S_3	0	1	1	1	0	0	1	0	0	0
S_7	0	1	1	1	0	0	0	1	0	0
S_{10}	0	0	1	1	0	0	0	0	1	0
S_4	0	1	1	1	0	0	1	0	0	1

对 K_1 进一步处理,得到缩减矩阵和骨架矩阵。在可达矩阵 K_1 中,如果有两个水资源规制的行和列对应相等,则说明这两个水资源规制具有强连接关

系,两者可以互相完全替代。基于此,规制 S_6 与 S_8 具有强连接关系,因此,删除 S_8 所在的行和列,可得到可达矩阵的缩减矩阵。然后,去除矩阵中越级的二元关系,去除各规制到达自身的二元关系(即减去单位矩阵),最终可以得到骨架矩阵(记为 M),如表 5.13 所示。

表 5.13 骨架矩阵 M

因素	S_2	S_5	S_6	S_9	S_1	S_3	S_7	S_{10}	S_4
S_2	0	1	1	0	0	0	0	0	0
S_5	1	0	1	0	0	0	0	0	0
S_6	1	1	0	0	0	0	0	0	0
S_9	0	0	0	0	0	0	0	0	0
S_1	1	1	1	0	0	0	0	0	0
S_3	0	1	1	0	0	0	0	0	0
S_7	0	1	1	0	0	0	0	0	0
S_{10}	0	0	1	0	0	0	0	0	0
S_4	0	0	0	0	0	1	0	0	0

根据骨架矩阵 M 建立多级递阶结构模型,结合表 5.2,梳理当前中国的主要水资源规制框架如图 5.7 所示。

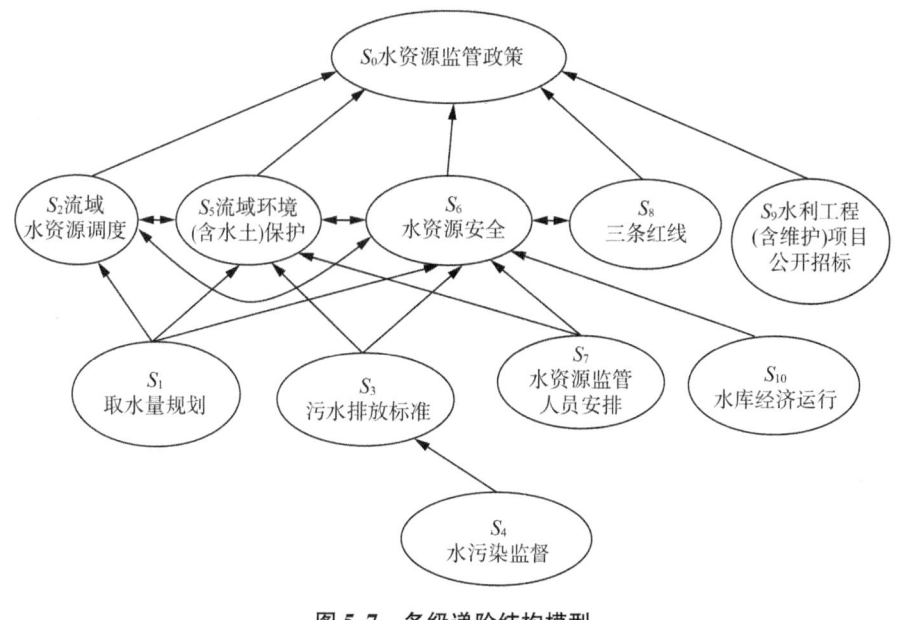

图 5.7 多级递阶结构模型

根据 DEMATLE-ISM 分析,得到当前主要水资源规制的多级递阶结构如图 5.7 所示。据此,梳理水资源规制传导路径如下:

首先,围绕构建切实可行的"水资源监管政策",当前水资源规制已形成战略—操作—底层驱动的框架。其中,战略规制层包括流域水资源调度S_2、流域环境(含水土)保护S_5、水资源安全S_6、水资源管理三条红线S_8以及水利工程(含维护)招投标S_9;操作规制层包括取水量规划S_1、污水排放标准S_3、水资源监管人员安排S_7、水库经济运行S_{10};实施驱动层包括水污染监管S_4是由驱动污水排放标准制定。结合表 5.7 可知,影响程度较大的 5 条规制为:水资源安全、水资源管理三条红线、流域水资源调度、流域环境(含水土)保护和取水量规划。

其次,水资源安全S_6处于战略层规制核心,与综合整体规制矩阵的中心度计算结果相符。实现水资源安全S_6不仅需要分解操作层规制S_1、S_3、S_7、S_{10},而且还要求同层次的规制S_2、S_5、S_6、S_8的支撑,说明实现水资源安全需要战略规划和执行两个层面的共同努力;同时,水资源安全S_6将影响流域水资源调度S_2、流域环境(含水土)保护S_5,说明水资源安全可以反哺流域保护和最严格水资源管理制度的实施。S_4水污染监督指向S_3污水排放标准,而S_3还指向水资源安全S_6并传递下去。由此可见,结果监管对水资源监管政策具有很强的推动和指导作用。观察 L1 层级中的S_2流域水资源调度、S_5流域环境(含水土)保护和S_6水资源安全之间的内在关系,以及S_6和S_8水资源管理三条红线之间的强烈关联和依存关系。

最后,在战略层中规制S_9水利工程(含维护)项目公开招标(必须进行招标的项目标准等)相对于整个水资源规制框架较为独立。目前,水利工程(含维护)项目公开招标的行政监督主要来自上级主管部门或公证部门。招标过程中涉及多头监督管理,有时会出现监管缺位和越位现象,往往只能通过事后检查来监督。2015 年,湖北省水利厅以《国务院办公厅关于政府向社会力量购买服务的指导意见》(国办发〔2013〕96 号)和《政府购买服务管理办法(暂行)》(财综〔2014〕96 号)为指导,在鄂北工程建设中,通过政府采购公开招标形式选定购买服务单位(采购编号:WHZC—ZB2015—883—1),为工程建设的质量监督工作提供服务,开创了水利系统引入政府购买水利工程监管服务机制的先例。由此,区别于其他规制,水利工程项目公开招标的监管主体发生改变,其管理过程与其他规制相对独立。

5.4 本章小结

水资源规制是利益相关主体、环境、管理等多方面因素综合作用的结果。本章节以文本挖掘技术和系统理论为基础,建立了包含取水量规划、流域管理等规制为代表的规制因素体系,探讨了各规制因素之间的影响机理。主要结论如下:第一,将 DEMATEL 和 ISM 结合分析影响水资源监管的各种规制之间的关系。根据计算得到的中心性,确定系统中各因素的重要性,并据此将各规制分为根本原因层(S_4是水污染监督)、重要原因层(包括有取水量规划S_1、污水排放标准S_3、水资源监管人员安排S_7、水库经济运行S_{10}这 4 项规制)和直接原因[包括流域水资源调度S_2、流域环境(含水土)保护S_5、水资源安全S_6、水资源管理三条红线S_8、水利工程(含维护)招投标S_9这 5 条规制]。第二,影响水资源规制的体系比较复杂,具有层次结构。流域水资源调度、流域环境(含水土)保护、水资源管理三条红线等 5 个潜在因素是导致监管行为发生的直接原因。

由本章研究结果可知,当前规制传导路径经历了由目标规制到概念到逻辑再到实际落地政策的过程。其中,实际落地政策既有命令、指令为主的行政管理,也有基于水权交易的市场政策,是涉煤生产企业决策的外生环境要素。

第六章
涉煤生产企业高耗水环节分析

在水资源约束条件下,确定煤炭开发利用的方式与规模,必须以了解各种开发利用方式的耗水情况为基础。据此,本章针对煤炭开发利用主要形式(原煤开采、燃煤发电和煤化工)的耗水问题展开研究,根据其生产流程,分析主要耗水环节,并对单位产量的用(取)水定额展开调研与分析。虽然,国家或地区对上述产业的取水/用水定额做出规定,但是由于原料、设备、工艺以及水资源环境的差异,企业实际生产用(取)水围绕定额呈现波动状态。为降低单位产品用(取)水,本章将分析燃煤发电和煤化工的部分环节的节水技术与节水潜力,为煤炭(煤电)基地实现量水而行,科学规划煤炭开发利用规模提供依据。2011年11月国际能源署(IEA)发布的《2011年世界能源展望》报告中,第一次提到水和煤炭生产的矛盾。报告特别专题阐述中国等国能源生产与水资源的矛盾,并且提出:"水对能源生产的限制到底有多严重?"尤其是在中国——水资源成为煤炭开发和消费可行性与经济性的不可忽视的限制因素。相关研究报告指出:"十二五"期间中国的煤炭基地规划与水资源的现状存在尖锐矛盾,如果不根据水资源的现状调整规划,将会带来严重的环境恶果并影响中国的能源安全。

事实上,在西部煤炭基地周边,水资源危机已经初现端倪:土地退化、湿地消亡、空气污染、地面沉降、水资源短缺、粮食减产。但由于我国资源禀赋特征,在未来一段时期内,煤炭仍将是我国的主要能源。本研究将分别对煤炭开发利用的主要方式(原煤开采、燃煤发电、煤化工)的耗水环节及耗水量进行资料整理与分析,为后续选择合适的煤炭开发利用规模提供决策基础。

6.1 煤炭开采耗水环节与定额分析

2012年3月18日,国家发展改革委印发《煤炭工业发展"十二五"规划》(发改能源〔2012〕640号)。《煤炭工业发展"十二五"规划》指出:以大型煤炭企业为开发主体,加快陕北、黄陇、神东、蒙东、宁东、新疆煤炭基地建设,稳步推进晋北、晋中、晋东、云贵煤炭基地建设。重点建设一批大型矿区,统筹规划建设能源输送通道、水源等基础设施,大力推进上下游产业一体化发展。大型煤电基地上下游产业链包括:煤炭开采产业、火力发电产业和煤化工产业。煤炭开采产业是该产业链的上游,本部分主要对其耗水环节与定额进行分析。

煤炭开采产业的用水可以分为井上生产用水、井下生产用水与生活用水。井上生产用水主要包括选煤用水、矸石山冲扩堆用水、机械设备冷却用水、绿化用水、道路洒水等,其中选煤用水是煤炭开采产业的用水大户。井下生产用水主要包括防尘洒水、设备冷却水、防火灌浆用水、矿井冬季保温蒸汽用水等。生活用水部分主要包括矿区办公楼用水、生活区用水、活动区用水等。主要用水环节简介如下。

(1)锅炉房用水

煤矿锅炉承担着工业建筑、辅助附属设施采暖通风的工作。根据《煤炭工业矿井设计规范》,当有集中采暖时,锅炉补充水量蒸汽锅炉按锅炉总额定蒸发量的20%~40%计算。

(2)井下防尘洒水

井下防尘洒水包括防尘喷雾溜煤眼用水量、转载点喷雾降尘用水量、风流净化水幕用水量、喷雾泵站用水量、煤层注水耗水量、综合掘进机用水量、混凝土搅拌机用水量和冲洗巷道用水量等。

(3) 黄泥灌浆用水

根据《煤矿灌(注)浆防灭火技术规范》(MT/T 702—2020),煤矿防火灌浆系数为 3%～12%,矿井防灭火注浆浆液土水比为 1∶2～1∶5。如果采用灌浆系数 4%,煤密度取值 1.42 t/m³,土水比 1∶2,每天灌浆 15 h,矿井日平均产煤量 18 182 t,则灌浆用水量为 572 m³/d。

(4) 绿化浇洒用水

依据《室外给水设计标准》(GB 50013—2018),浇洒绿地用水按浇洒面积以 1～3 L/(m²·d)计算,如果煤矿绿化面积 44 000 m²,则绿化浇洒用水量为 44 m³/d。

(5) 办公生活用水

依据《煤炭工业矿井设计规范》(GB 50215—2015),职工生活用水指标为 30～50 L/(人·班)。

用水大户选煤厂的用水具体分为选煤用水、浮选原料的稀释用水、喷洗用水、真空泵冷却用水、泵类盘根用水、泵类管道的冲洗用水、清洁用水和生活用水。

(1) 选煤用水

选煤厂将水作为重力选煤的介质,据实际测定,主选用水折合为净水,1 t 原煤约需水 1.8～2 m³。主选用水以清水为佳,水清、黏度低,能提高细粒煤的分选效果。因为大部分煤泥受到跳汰过程的初步分选,在主选机内随精煤流走,再选原料中的煤泥,多为主选的透筛物料,因此,用同样浓度的洗水,再选机中床层的实际浓度低于主选机。

(2) 浮选原料的稀释用水

在浓缩浮选时,浮选原料要由 200～300 g/L 的浓缩机底流、稀释到 80～110 g/L 适于选行浮选的程度。一般用清水和真空过滤机对滤液进行稀释。

(3) 喷洗用水

对于原煤中含 0.5 mm 以下煤泥较多的选煤厂,使用洗水浓度较高、分选下限不好时,对水选精煤进行喷水脱泥尤为重要。为了保证精煤质量,喷水应该用清净水。

(4) 真空泵冷却用水

水环式真空泵以水作为工作液,当内置偏心叶片旋转时,将工作液抛向泵壳并形成与泵壳同心的液环,液环同转子叶片形成了容积周期变化的旋转变容真空泵,从而吸入高温空气,使工作液温度升高。为了避免真空泵中产生水垢,需要用软化的纯净水进行冷却。

(5) 泵类盘根用水

盘根需用水冷却和润滑,同时起到水封作用避免空气吸入泵内,应使用纯净水。

(6) 泵类管道的冲洗用水

对于流体易在管道内产生沉淀的泵类,在停泵时应使用含固体很少的水冲洗,如管道发生堵塞,也需用水冲通。

(7) 清洁用水

真空过滤机和压滤机的滤网需要经常清洗,交班时每层楼板都要冲洗,这些清洁用水,都应该比较清净。

(8) 生活用水

生活用水包括矿区办公楼用水、生活区用水、活动区用水以及矿区周围居民用水等。

随着我国煤炭工业的深化改革和企业规模的壮大,水资源短缺和水环境问题已成为一个越来越突出的矛盾。《煤炭工业发展"十二五"规划》对2015年全国环境治理预期效果做了预测限制,其中矿井水部分规定:2015年,全国矿井水产生量70.92亿m^3,利用量54亿m^3左右,利用率75%,达标排放率100%。其中东部(含东北)地区矿井水10.24亿m^3,矿井水利用率80%;中部地区矿井水22.49亿m^3,矿井水利用率68%;西部地区矿井水38.19亿m^3,矿井水利用率80%。

国家对煤炭采选业的用水量进行定额限制,各省(直辖市、自治区)结合当地实际,对本省(自治区、直辖市)煤炭采选业的用水定额值进行限定(见表6.1)。

表6.1 部分地区煤炭采选业用水定额的规定一览表

地区	行业类别	产品名称	单位	通用定额值
内蒙古	烟煤和无烟煤开采洗选	井工煤矿原煤开采	m^3/t	0.20
		露天煤矿原煤开采	m^3/t	0.25
		动力煤洗选	m^3/t	0.09
		炼焦煤洗选	m^3/t	0.10
	褐煤开采洗选	井工煤矿原煤开采	m^3/t	0.15
		露天煤矿原煤开采	m^3/t	0.20
宁夏	烟煤和无烟煤开采洗选	井工煤矿原煤开采	m^3/t	0.25
		露天煤矿原煤开采	m^3/t	0.30
		动力煤洗选	m^3/t	0.09
		炼焦煤洗选	m^3/t	0.10
甘肃	烟煤和无烟煤开采洗选	井工煤矿原煤开采	m^3/t	0.20
		露天煤矿原煤开采	m^3/t	0.40
		动力煤洗选	m^3/t	0.09
		炼焦煤洗选	m^3/t	0.10
陕西	烟煤和无烟煤开采洗选	井工煤矿采煤	m^3/t	0.50
		露天煤矿采煤	m^3/t	0.30
		动力煤洗选	m^3/t	0.09
		炼焦煤洗选	m^3/t	0.1
河南	煤炭开采和洗选业	原煤开采（产能$\geqslant 1.2Mt/a$）	m^3/t	0.60
		原煤开采（产能$\leqslant 1.2Mt/a$）	m^3/t	0.70
		入洗动力煤	m^3/t	0.09
		入洗炼焦煤	m^3/t	0.10
山西	烟煤和无烟煤开采洗选	井工矿原煤开采（大型、不含井下黄泥灌浆）	m^3/t	0.38
		井工矿原煤开采（大型、含井下黄泥灌浆）	m^3/t	0.46
		露天矿原煤开采（大型、含地面洒水）	m^3/t	0.16
新疆	煤炭开采业	洗煤	m^3/t	0.18
		采煤	m^3/t	0.31
	煤炭开采和洗选业	动力煤选煤	m^3/t	0.09
		炼焦煤选煤	m^3/t	0.10

值得一提的是，部分地区会根据所在地具体的煤矿储藏特征，结合当地

水资源现状,就不同煤种、不同规模的煤矿的煤炭洗选用水定额做出规定。

为了有效保护矿区水环境,实现水资源的可持续开发利用,必须以可持续发展观作为战略指导方针,既要开发煤炭资源,又要注重保护环境,尤其是要深入开展水环境的优化治理和水资源的系统管理。

首先,应该在政策上给予引导和支持,完善水法规,加强执法工作,依法保护水资源;要坚持可持续发展,污水和矿井水要经过处理达标后才能排放,以尽量减少污染,做到节约用水;建立污水处理设施,对矿坑排水、洗选煤废水处理后排放;规划煤矸石固体废弃物堆放场地,采取相应的防渗措施。

其次,应该增强水资源的保护意识,发展循环经济,实现矿井水的利用,通过推进矿井水的资源化进程,提高矿区水资源利用率;统筹规划,综合开发利用和保护并举,保护水资源并使煤炭行业向着更科学、环保的方向发展。在丰水年份和正常年份,主要使用地表水,科学有效地涵养地下水,使地下水储量逐步得以恢复,仅在干旱年份,地表水供给不足的情况下,可动用地下水储备资源予以补充和应急。

最后,采用科学的采煤方法,提高煤炭开采技术,采用先进的采掘设备和技术,减少采掘对围岩的破坏;对地质条件复杂的矿井,应该做好水文地质勘探工作,加大水资源保护修复补偿的投入力度,将煤炭开采对水资源的破坏降到最低程度。

综上所述,水资源的承载能力是有限的,超过水资源的承载能力进行掠夺式煤炭开发会破坏水资源的可持续利用,导致资源枯竭。在开采煤炭资源的同时,应该通过采取严格的保护措施和补偿修复措施,控制、减少对水资源特别是对地下水的影响破坏,实现水资源的可持续利用。

6.2 燃煤发电耗水分析

电力工业作为国民经济基础产业和重要能源行业,同时也是工业用水大户,在我国水资源节约工作中具有特别重要的地位。我国主要煤炭基地多数处于水资源紧缺地区,水资源条件可能会成为坑口电站建设的重要制约因素。

6.2.1 燃煤发电用水环节分析

火力发电厂是利用热能转变为机械能进行发电的,目前普遍是利用各种燃料(煤、石油、天然气等)的燃烧把化学能转变为热能的发电方式。以使用汽轮机为动力的火力发电厂为例,水作为热力系统的工作介质,最大的作用就是转换能量。它吸收燃料的热量,变成有做功能力的蒸汽进入汽轮机,使热能转化为机械能,由发电机变为电能输出。同时在发电的其他环节中,水还起到冷却、传输物质、清洁以及生产保障的作用。典型火力发电厂中的用水系统包括两大部分,即生产用水和生活用水。生产用水主要包括热力系统用水、冷却系统用水、水力除尘除渣系统用水和烟气脱硫系统用水等;生活用水主要包括生活系统用水及厂区杂用水等,如图 6.1 所示。

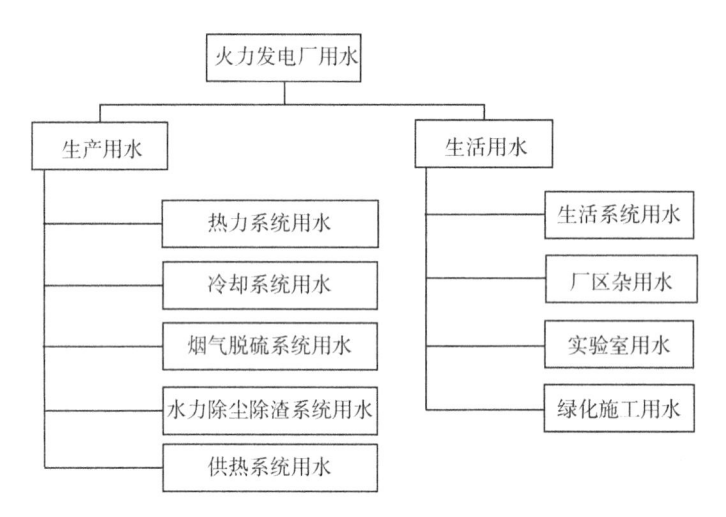

图 6.1 火力发电厂中的用水系统示意

典型火力发电厂中用水环节如图 6.2 所示。各用水环节详述如下。

(1) 汽轮机凝汽器冷却水

发电厂循环冷却系统有两种设计方式:空冷方式和湿冷方式。湿冷是通过直流方式或者在湿式冷却塔内将循环水以"淋雨"方式与空气直接接触进行热交换。湿式冷却水系统一般分为直流式和循环式两种,用水量和耗水量很大。

对于循环式冷却火电机组,节水较好的机组,其单位发电量耗水率在

3.6 kg/(kW·h)以下,装机耗水率可达 0.8 m³/(s·GW);节水较差的机组,其单位发电量耗水率高达 11.2 kg/(kW·h),装机耗水率达 2.5 m³/(s·GW)。

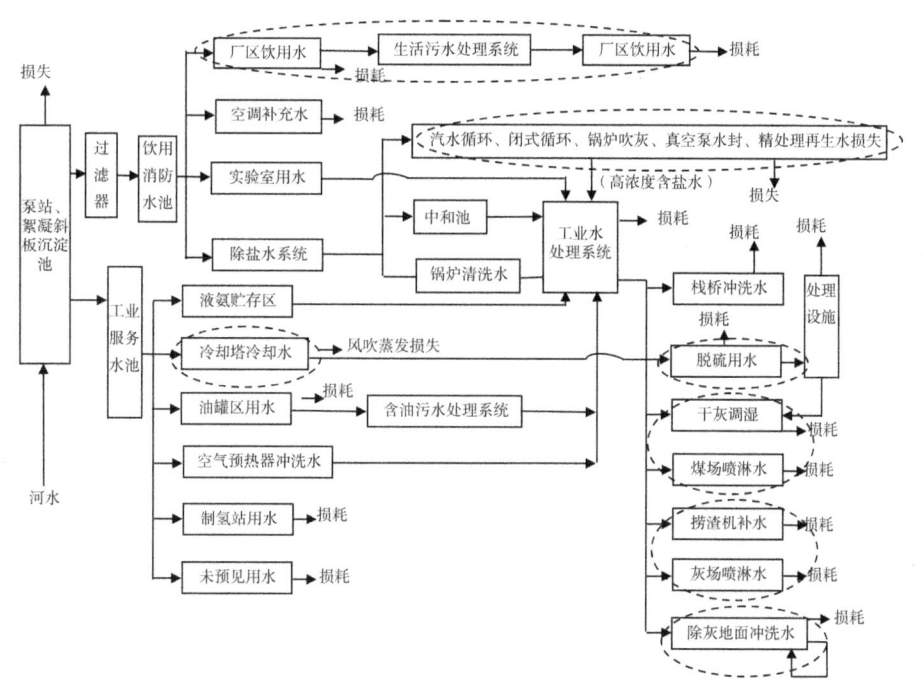

图 6.2　火力发电厂典型耗水过程示意图

对于直流式冷却火电机组,由于无蒸发、风吹和排污等损失,其耗水量比循环式冷却机组少得多,是节水型火力发电的一种重要类型。从统计资料来看,节水较好的直流冷却火电机组,其单位发电量耗水率在 0.65 kg/(kW·h)左右,装机耗水率可达 0.15 m³/(s·GW);节水较差的机组单位发电量耗水率高达 5 kg/(kW·h),装机耗水率达 1 m³/(s·GW)。必须说明的是,直流冷却机组需要厂区附近有充足的水源,1 台装机容量为 1 000 MW 的火电机组,采用循环冷却方式取用水量为 0.6～1 m³/s,若采用直流冷却方式取用水量为 35～40 m³/s,可见后者取用水量惊人。

空冷是将汽轮机的乏气通过直接空气冷却方式、表面冷却方式、混合换热方式进行冷却的方式。在冷却过程中,系统的耗水极少,仅为湿式冷却的 1% 左右。对于空冷机组,耗水率与同容量的直流冷却火电机组大体相当,节水效果显著。

凝汽器冷却水采取开放循环式时,其水分损失有:蒸发损失,大约占总损失量的1.2%;风吹损失,当使用收水器时可占2%左右;排污损失,其与补充水质量、循环水处理方式关系密切,变化幅度很大,可达0～10%,通常应使其不超过3%。以平均蒸发损失为1.2%,风吹损失为0.3%,排污损失为0.5%,200 MW机组的循环水量为25 000 t/h计算,可以得知其补水量为500 t/h,相当于0.69×10^{-8} m³/(s·kW)和2.5 kg/(kW·h)。在这500 t/h水中,有375 t/h进入大气而损失,有125 t/h可以作为中水适当再利用。

(2) 冲灰水

灰渣用水系统是电厂第二大用水和耗水系统。目前,电场的除灰方式主要有水力除灰、干除灰和水气力混合除灰。若采用水力除灰,目前火电厂冲灰水的灰水比为1∶10左右,亦即1.24 kg/(kW·h),耗水量可占电厂水损失的10%～45%。如果克服了马尔斯泵磨损、漏油及连续运行时间较短的缺陷,使灰水比为1∶3左右,则用水量为0.373 kg/(kW·h)。由于冲灰水系统改造困难、费用较大,效果不稳定,全网冲灰水的灰水比都达1∶3难以办到,但是综合使用马尔斯泵、冲灰水回收和循环使用等技术措施,再设法控制一般的冲灰系统中灰水比在1∶10左右,则全网综合的灰水比为1∶6是可以实现的。冲灰水可用火力发电厂内被重复使用以至无法继续利用的水作为水源。如果以灰水比为1∶6计算,200 MW机组每小时使用145 t冲灰用水量,则为0.726 kg/(kW·h),相当于0.2×10^{-8} m³/(s·kW)。减少冲灰水后,还可以减少灰管的结垢程度。

(3) 锅炉补给水系统

水作为电厂热力系统的工质,在密闭循环做功过程中,水汽不可避免会有一些损失,这些损失来自锅炉排污损失、排汽损失、取样损失、吹灰损失和漏汽损失等,这些损失必须及时补充才能维持热力系统正常的水汽循环。因此锅炉补给水是电厂不可缺少的一项用水,但补给水量并不是很大,其用水量与锅炉型号、锅炉蒸汽参数、给水温度、燃料燃烧程度等因素有关。国家对补给水率有相关标准,中小型机组补给水率是锅炉额定蒸发量的2‰,而大型机组为6‰。

(4) 辅助设备的冷却水

辅助设备的冷却水是指除汽轮机凝汽器冷却之外的其他设备的冷却用

水,如冷油器用水,各种风机、水泵等转动机械的冷却用水等。这类冷却水要求低温,常使用地下水,这部分水已被重复利用,可不算作单独核算的水量。对于 200 MW 机组来说,当冷却水充分回收复用时,一般最低耗水量可为 30~60 t/h,使用密闭循环冷却系统基本上可以做到不消耗水。如果采用敞开式湿式循环冷却系统,可使用电厂经过处理后的工业废水、化学废水、生活污水作为辅助循环冷却水系统的补充水。目前,这种废水经过处理后补充到循环水系统的模式在很多电厂得到了应用。

(5) 脱硫系统用水

从用水角度划分,火电厂烟气脱硫分为干法脱硫、湿法脱硫两大类。干法脱硫技术不需要耗水或只消耗少量水,但干法脱硫的脱硫效率比湿法脱硫略低。湿法脱硫在脱硫过程中要消耗一定量的水,主要是系统蒸发、渗漏水,以及副产品包含水和清洗水。湿法脱硫系统用水量和燃烧煤种的含硫量有很大的关系,含硫量越高,用水量越大,但由于这种方法具有脱硫效率高、技术成熟、对煤种适应性强、吸收剂便宜等优点,因而被广泛应用。

因此,必须采用湿法脱硫时,应考虑脱硫工艺用水的回收和多次循环利用,或者用电厂辅助设备冷却系统的排污水作为脱硫工艺用水。

(6) 煤场用水

国内大部分电厂的煤场是露天的,需要不断喷水压尘或降温、输煤栈桥冲洗等,这要消耗一些水。但是煤场用水水质要求不高。因此,这方面用水也应用经过处理后的工业废水、化学废水和生活污水等。

(7) 电厂生活用水

生活用水也是电厂用水中不可缺少的一项用水。据统计,城镇居民的一般用水量为 0.03~0.05 m³/(人·日),而火电厂的人均用水量超过此数值 2~100 倍,节水潜力很大。随着大机组的投产,劳动生产率应有所提高,单位设备容量的职工数将下降,在人均水量不变的情况下,按设备容量需求的生活用水量也将下降,但是更重要的是要加强公共用水的管理。

水作为燃煤电厂中仅次于燃料的重要物质,作为工质和载体进入发电系统,经过一系列的用水过程,最后损失一部分并被排放掉。它作为工质吸收燃料的热量,使之变为具有做功能力的蒸汽进入汽轮机,使热能转变为机械能,然后由发电机变为电能输出。在发电的其他环节也离不开水,如各转动设备和凝汽器的冷却用水,作为载体的锅炉排灰(渣)用水,还有洗涤和绿化用水,生活区的用水等。以上各种用途的水有不同的水质和水量要求,在经过不同的途径使用后,常会混入各种杂质,使水质发生变化,从而形成电厂复杂的用水系统。

对于用水工艺不同的火力发电厂而言,其用水过程的差异主要体现在其热力系统和冷却系统中,依据冷却介质的不同冷却系统主要可划分为湿冷机组和空冷机组,其中湿冷机组又可划分为直流冷却机组与循环冷却机组。直流冷却机组中作为冷却介质的水在工作后直接排放,不再循环,因此需要有足够的水源,对水体会造成一定的热污染;循环冷却机组中作为冷却介质的水在工作后,从冷却塔中散发热量至大气,有蒸发、风吹等损失,需要不断补充水量;空冷机组采用空气作为冷却介质,可以大量节水,但其一次性投资大、煤耗高。

国家及行业相关的产业政策对火电行业的用水量进行了相关规定。其中,《取水定额 第1部分:火力发电》(GB/T 18916.1—2021)规定了装机取水量定额指标与单位发电量取水量定额指标(表6.2与表6.3)。

表6.2 装机取水量定额指标

类型	机组冷却形式	机组容量	单位发电量取水量/[m³/(MW·h)]
燃煤发电	循环冷却	<300 MW	1.85
		300 MW级	1.70
		600 MW级	1.65
		1 000 MW级	1.60
	直流冷却	<300 MW	0.30
		300 MW级	0.28
		600 MW级	0.24
		1 000 MW级	0.22
	空气冷却	<300 MW	0.32
		300 MW级	0.30
		600 MW级	0.27
		1 000 MW级	0.24

表 6.3 单位发电量取水量定额指标

类型	机组冷却形式	机组容量	单位发电量取水量 /[m³/(MW·h)]
燃煤发电	循环冷却	<300 MW	3.20
		300 MW 级	2.70
		600 MW 级	2.35
		1 000 MW 级	2.00
	直流冷却	<300 MW	0.72
		300 MW 级	0.49
		600 MW 级	0.42
		1 000 MW 级	0.35
	空气冷却	<300 MW	0.80
		300 MW 级	0.57
		600 MW 级	0.49
		1 000 MW 级	0.42

火力发电厂的水耗有两类——装机水耗和发电水耗。装机水耗是指用于发电生产的新鲜水总取水量与装机容量的比值,装机取水量(quantity of water intake for unit rated capacity)是按火力发电厂单位装机容量核定的取水量,对于已经运行的发电厂无实际意义;发电水耗是指用于发电生产的新鲜水总取水量与总发电量的比值。单位发电量取水量(quantity of water intake for unit power generation quantity)是火力发电厂生产每兆瓦时(千瓦时)电需要从各种水源中提取的水量。

其中,取水量包括取自地表水、地下水、城镇供水工程,以及从市区购得的其他水,主要用于生产用水、辅助生产(包括机修、运输、空运站等)用水和附属生产(包括厂区办公楼、绿化、浴室、食堂、厕所等)用水。取水量不包括企业自取的海水、苦咸水以及生活区取水量。采用直流冷却系统的电厂的取水量不包括从江、河、湖等水体取水用于凝汽器冷却的水量。

单位发电量取水量按式(6.1)计算:

$$V_{u_i} = V_i/Q \tag{6.1}$$

式中:V_{u_i}——单位发电量取水量,单位为 m³/(MW·h),也可用 kg/(kW·h);

V_i——在一定计量时间内,生产过程中取水量总和,单位为 m³;Q——在一定计量时间内的发电量,单位 MW·h 或者 kW·h。

装机取水量按式(6.2)计算:

$$V_c = V_h/N \qquad (6.2)$$

式中:V_c——装机取水量,单位为 m³/(s·GW);V_h——热季最大取水量,单位为 m³/s;N——装机容量,单位为 GW。

重复利用率按式(6.3)计算:

$$R = [V_r/(V_i + V_r)] \times 100\% \qquad (6.3)$$

式中:R——重复利用率;V_r——在一定计量时间内,生产过程中的重复利用水量总和,单位为 m³;V_i——在一定计量时间内,生产过程中取水量总和,单位为 m³。

装机取水量主要用于电厂的规划与设计,单位发电取水量主要用于对运行中的火电厂进行考核和管理,一般以年为计量时间单位。这两个指标适用于火电行业节水分析,但对于不同单机容量的电厂缺乏可比性,且采用不同冷却方式的电厂指标值差异也很大。

根据中国电力企业联合会 2010 年统计的部分火电厂单位发电取水量情况,对于 600 MW 及以上的机组,空冷电厂[0.44 kg/(kW·h)]和直流冷却电厂[0.43 kg/(kW·h)]的单位发电取水量值比较接近,都远远小于循环冷却电厂[1.96 kg/(kW·h)],而对于 300 MW 机组,则是空冷电厂的单位发电取水量值[0.33 kg/(kW·h)]小于直流冷却电厂[0.68 kg/(kW·h)],两者都远远小于循环冷却电厂[2.03 kg/(kW·h)]。

6.2.2 燃煤发电节水技术

火电厂节水技术按途径不同可以分为"节流""开源"两类,"节流"类是指减少耗水量;"开源"类是指利用常规水源之外的水源作为补充水。

首先从"节流"方面论述采用节水工艺,从源头减少耗水量的技术措施。由于循环冷却水处理系统和水力除灰系统用水量约占全厂用水量的 90% 以上,因此应针对这两个系统,采取有效的节水措施。

(1) 循环冷却水处理系统

循环冷却水的用水量在整个火电厂用水量中所占比例最高。以湿式冷却机组为例,循环冷却水的耗水量由蒸发损失、风吹泄漏损失和排污损失三部分构成,消耗的水一般需用新鲜水补充,使用后的工业冷却水也进入循环水系统,相当于循环水补充水。针对循环冷却水的特点,节水主要通过以下三种手段实现。

① 采用空冷技术

空冷系统也称为干式冷却系统,是利用高效散热器把热量传递给大气,使汽轮机乏气得以冷凝。空冷系统按冷却方式可分为:直接空冷、带混合式凝汽器的间接空冷和带表面式凝汽器的间接空冷。直接空冷是指利用空气直接冷却乏气,不建冷却塔,由几十台大型风机给散热器散热。间接空冷是用水冷却乏气,被加热后的冷却水送到大型空冷塔中,经散热片降温后重复使用。采用空冷系统的主要目的就是为了节水,空冷系统的耗水极少,跟同容量的湿冷机组相比,其冷却系统本身就可节水 97% 以上。表 6.4 以 600 MW 机组为例,从中可以看出采用空冷技术节水效果明显。

表 6.4 空冷、湿冷机组耗水量比较

项目	空冷机组	湿冷机组
耗水指标(年平均)/m³·(s·GW)$^{-1}$	~0.13	~0.68
耗水流量(年平均)/m³·h^{-1}	608	2 370
年总用水量/万 m³	356	1 398

与传统的湿冷机组相比,空冷机组有明显的节水特性,因为空冷机就是为解决"富煤缺水"地区或干旱地区建设火力发电厂的困难而逐步发展起来的。但作为以电代水的冷却方式,空冷机组有初期投资大、发电煤耗高、经济性较湿冷机组差的特点。投资方面,根据空冷电厂初始投资费用,2×600 MW 直接空冷机组的冷却系统费用在 5 亿元左右,而相同规模的湿冷机组冷却系统的投资仅 2 亿元左右。在运行中,由于空冷机冷却效率差,汽轮机背压较高,电厂效率相应降低(约 5%),供电煤耗增加 4%~5%,导致发电成本猛增;夏季气温高时,通常还要降低运行出力。以亚临界湿冷机组为例,湿冷机组的供电煤耗 285 g/(kW·h),空冷机组的供电煤耗 330 g/(kW·h)。

原煤单价 390 元/t,电价 0.331 7 元/度,年发电量按 8 000 kW·h 计算,湿冷机组年省煤量为 5.1×10^4 t,折算经济效益为 1.989×10^7 元。因此,是否采用该技术,应结合当地的造价、电价、煤价、贷款利息等诸多因素综合考虑。近年来国内外都在研究和发展干/湿式综合冷却系统,干、湿两部分的比例根据电厂所在地的缺水情况和气候条件决定。

② 提高循环水浓缩倍率

浓缩倍率是循环冷却水系统运行管理的一项重要控制参数,提高浓缩倍率能减少新鲜水的补充量和污水的排量,100×10^4 kW 电厂浓缩倍率从 2 提高到 3 时,可节水 800～1 000 t/h。通过相关技术的研究、开发和推广应用以及水务管理的加强,火力发电的循环冷却水浓缩倍率可以达到以下水平:加防垢防腐药剂及加酸处理循环冷却水时,浓缩倍率可控制在 3.0 以上;采用石灰加酸及旁滤加药处理循环冷却水时,浓缩倍率可控制在 4.0 左右;采用弱酸树脂等方式处理循环冷却水时,浓缩倍率也可控制在 4.5 左右。目前多数电厂浓缩倍率已接近 2～3,少数电厂已达到 4 以上。有研究表明,适当提高浓缩倍率,可显著降低补水量和排污水量,进而减少耗水量;但浓缩倍率并不是越大越好,以 2×600 MW 机组为例,浓缩倍率超过 5 时,节水效果将不再明显,而且过大的浓缩倍率会使循环水含盐量过高,造成凝汽器管材结垢或腐蚀,系统维护成本和风险性上升。虽然现有研究表明,改进循环水的处理工艺,使用新型高效的水处理药剂可以使循环水中的离子在高度浓缩时也没有结垢或腐蚀的危险,但相应的投资和维护费用也将增加。

多数工业发达国家的火电厂浓缩倍率为 4～6,我国在综合节水要求、水处理技术等方面分析确定的最佳浓缩倍率为 4～5。但从统计数据可知,我国 80% 以上火电厂的浓缩倍率低于最佳浓缩倍率,因此,火力发电企业在提高浓缩倍率方面还具有巨大的潜力,应积极采取新技术,在经济合理的情况下,努力提高循环水的浓缩倍率。

当循环水中的碳酸盐硬度值达到极限值 2.9 mmol/L 左右(一般范围为 2～4.5 mmol/L),循环水中将析出水垢。为防止和减少水垢生成,常使用两种方法用于循环水处理:一是除去成垢物质,使循环水的碳酸盐硬度达不到极限值;二是加入阻垢剂,提高循环水的极限碳酸盐硬度。在实际工作中也常将两者结合起来。

使用硫酸中和法降低水的碳酸盐硬度或使用石灰处理法及弱酸树脂离子交换法除掉大部分的碳酸盐硬度,可以有效地防止结垢,能将循环水的浓缩倍率提高到 4 以上,是最节水的冷却水处理方法;使用聚羧酸盐与磷酸盐组合的复合阻垢剂,再适当配合酸处理可使循环水的极限碳酸盐硬度超过 5 mmol/L,浓缩倍率超过 2.5。

③ 提高冷却塔冷却效率,减少吹脱损失

对于带湿式冷却塔的循环冷却水系统,水在冷却过程中有大量的蒸发、风吹及排污损失,这部分损失占全厂补水量的 60% 以上。其节水措施主要是减少风吹损失和提高冷却塔冷却效率,如在冷却塔进水位置上侧安装收水器,加强维护塔内淋水装置等。

(2) 水力除灰系统

从前面分析看出,水力除灰也是火力发电企业耗水的一项重要内容。冲灰水的节约利用方式有:回收使用、循环使用和用马尔斯泵提高冲灰水浓度等方法,应视灰场距离及水量大小综合考虑,尽量利用干灰改变燃料供应结构,使用低灰分煤及硫分、灰分均低的水煤浆。采用水力除灰时使灰水尽量做到闭路循环,当灰水闭路循环确有困难时则使用高浓度水力除灰,同时,采用灰渣分排、渣水闭路循环。这些措施的采用,可以使冲灰水用量及废水外排量都大幅度下降,完善了浓浆输灰系统的设计和关键设备的可靠性,开发了冲灰水回收利用技术以及回水管道防垢与清垢技术等。目前,高浓度水力除灰技术已得到了较好的应用,通过系统优化可实现灰水比 1∶5～1∶3 或更小。目前,新建电厂在考虑除灰方式的思路上有了根本性转变,在有条件的地方首先选用干除灰方式,不再有冲灰耗水的部分,与传统的水力除灰相比,干式除灰不消耗水,也不产生废水。

目前干式除灰较多采用的是正压输灰系统,利用设置在省煤器、电除尘器灰斗下的仓泵,用压缩空气将收集的灰通过管道输送至灰库储存。灰库中的干灰可通过干灰散装机装入飞灰罐车送出,进行综合利用,也可通过湿式搅拌机将干灰调湿灰后,送至灰场碾压或填沟造田。在干式除尘器基础上,包括浓相气力输送系统的国产化干除灰系统已经投入开发和应用,同时,干排渣系统也已经引进消化。

除了采用循环冷却水处理系统和水力除灰系统这两大系统的节水技术，还可以考虑以下两种节水措施。

(3) 降低脱硫工艺损失水量

2×600 MW 机组脱硫系统采用湿法、半干法、干法脱硫工艺后，其耗水量分别为 200~300 t/h、100~200 t/h、1~2 t/h。脱硫工艺损失水量占电厂损失水量比重较大，应提高脱硫用水效率，减少水的消耗。

(4) 降低各辅助工艺设备的用水量

选择更节水的工艺设备，提高除灰系统灰库干灰调湿、除渣熄火、灰场喷洒碾压的用水效率，提高输煤系统冲洗、除尘、煤场喷洒的用水效率。

电厂水力除灰系统耗水量约占全厂耗水量的 15%~20%；如设置灰水处理回收系统(回收率按 60%计)，则电厂水力除灰系统耗水量约占全厂耗水量的 6%~8%。如采用干灰调湿碾压灰场，干贮灰仅耗用占灰量约 20%~25% 的干灰调湿用水，则电厂干式除灰系统耗水量约占全厂耗水量的 1%，节水效果十分明显。对 2×600 MW 机组除灰系统，采用灰渣混除、水力输送时耗水量为 500 t/d，若采用灰渣混除、皮带机输送时耗水量为 20 t/h。2×600 MW 机组除渣系统耗水量见表 6.5，其中干式除渣方案耗水量明显低于湿式除渣方案。

表 6.5　2×600 MW 机组除渣系统耗水量　　　　单位：t/h

输送系统	水力除渣			干除渣(干灰场)
	去干灰场	水灰场分除	水灰场混除	
耗水量	36	90	66	4

从"开源"角度可以考虑用其他水源取代常规水源的方法，可采用的方法包括：生产和生活污水的处理及回用；市政污水的处理和利用；煤矿疏干水的处理和利用及海水利用和淡化。

(1) 生产和生活污水的处理及回用

火电厂回收利用废水指的是对系统产生的废水进行处理(或不经处理)后再利用，有减少外排废水和节约新鲜用水的双重作用，既实现全厂"零排放"，即电厂不向地面水域排放废水，所有离开电厂的水都是以湿气的形式，如蒸发到大气中,或是包含在灰及渣中外运或填埋。零排放的关键是实现废水的梯级利用,根据水质特点将产生的水质高的废水用于下一级对水质要求较低的设备或系统。表6.6总结了火电厂废水回用的主要途径。

表6.6 火电厂废水回用主要途径

废水种类	排放特征	是否需要处理	回用途径
循环水排污水	连续	是	锅炉补给水水源、脱硫工艺用水
循环水排污水	连续	否	冲灰、厂区喷洒
除灰废水	连续	是	冲灰、输煤系统喷洒
化学处理排污水	经常,不连续	是	循环水补充水、煤场、输煤系统喷洒,干灰搅拌、冲洗
含油废水	经常,不连续	是	脱硫工艺用水、冲灰、冲洗
脱硫废水	经常,不连续	是	煤场喷洒
生活污水	连续	是	循环水补充水、冲灰、绿化用水

火电厂应当采取废水回收、循环利用、技术改造等工艺,确保火电厂废水"零排放"的实现。单从技术方面考虑,"零排放"是可以实现的,但在经济上是否可行,必须对水价、工程造价和电价等因素进行综合分析比较。

(2) 市政污水的处理和利用

市政污水水量大而稳定,就地可取,不需长距离引水,是一种比较可靠的水资源。国外在市政污水再利用方面起步较早,并已广泛应用于电力、化工、机械、冶金等行业,我国在这方面也已取得了成功的经验。对电厂而言,市政污水的再利用主要是用作循环冷却水和锅炉补给水及其他工业用水的水源。市政污水作为工业用水需进行深度处理。深度处理的方法应根据污水水质和用途进行选择。

(3) 煤矿疏干水的处理和利用

煤矿疏干水是指采煤过程中从煤层中涌出的污水,水量较大。以内蒙古自治区为例,内蒙古自治区中西部属严重缺水地区,煤炭开采和火力发电集中,在煤炭开采过程中,每年排弃的矿井疏干水约 2.3×10^8 m^3,对疏干水进行处理后利用,不仅可以减轻疏干水外排对环境造成的污染,还节约了水资源。但是疏干水回用过程中仍存在处理深度不够影响回收利用效果,使用范围局限在坑口电厂,国家奖励机制不到位等问题,这些需要在今后的实践中逐步解决。

(4) 海水利用和淡化

目前海水利用的主流技术是直流冷却技术,该技术海水取用量小、系统容易控制,在海水浊度高、岸边坡度缓的沿海地区,具有良好的推广前景。对于缺水地区,海水淡化是解决淡水紧缺的有效措施之一,也是解决海滨电厂淡水需求切实可行的途径。海水淡化技术是从海水中获取淡水的技术和过程,是分离海水中盐和水的过程。海水淡化的方法主要有热法、膜法和化学方法三大类。热法主要是多级闪蒸、多效蒸馏,膜法主要是反渗透和电渗析,化学方法主要有离子交换法,但都由于成本较高,应用受到一定限制。

多级闪蒸淡化系统技术比较成熟,适用于火电厂和核电厂等具有背压低温热源的大型和特大型海水淡化工程,对进料海水盐浓度要求低,产品淡水的含盐度低,但初始投资较大,运行和维护的费用较高。在国内,海水淡化技术的主流仍是多级闪蒸技术。多级闪蒸系统产品淡水成本 4.76 元/t,反渗透系统淡水成本 4.79 元/t,以超滤作预处理的反渗透系统淡水成本 6.31 元/t。这说明海水淡化的成本已经接近自来水以及工业用水的价格,可以预见海水淡化技术具有广阔的市场前景。当前,国内海水淡化技术取得较大进步,许多火电厂也在推广使用淡化海水取代淡水,但是在冷凝水能量回收、日产淡水量等方面与国外先进技术尚存在差距。

目前,在北方内陆缺水地区新建、扩建单机容量 300 MW 及以上的火力发电厂,当机组采用汽动给水泵、淡水湿式冷却系统、干式除灰、湿式除渣、石灰石-石膏湿法脱硫时,设计耗水指标平均为 0.62 m³/(s·GW),全厂如进一步采取节水措施,甚至可降低耗水指标到 0.467 m³/(s·GW),采取节水措施后耗水指标的变化如表 6.7 所示。

表 6.7 各项节水措施及耗水指标变化

节水措施	设计水平	干式除渣	干法脱硫	真空清扫	加强管理
耗水量变化/(m³·h⁻¹)	2 700	−85	−150	−15	−350
耗水指标变化/(m³·s⁻¹·GW⁻¹)	0	−0.02	−0.03	−0.003	−0.1
耗水指标/(m³·s⁻¹·GW⁻¹)	0.62	0.6	0.57	0.567	0.467

(5) 采用"煤中取水"新技术

国内最新研究的"基于炉烟干燥及水回收的风扇磨仓储式制粉系统的高

效褐煤发电技术"(简称"煤中取水"技术),实现了褐煤干燥及乏气水回收技术与火力发电技术的结合,是一种高效、节能的褐煤发电系统,是褐煤火电设计技术发展向前延伸的重要一步。该技术在电厂热力流程中增设干燥后乏气水回收系统,提高褐煤的能量密度和锅炉效率,达到提高褐煤机组的整体效率、降低煤耗、降低用水量并减少污染物排放的目的。

"煤中取水"技术的水回收工作原理是将风扇磨煤机出口含有高浓度水蒸气的混合气体与煤粉分离后进入节能水回收装置,降温后成为凝结水,进入水处理系统回收使用。采用"煤中取水"高效褐煤发电技术可实现电厂高度节水的目标,600 MW超临界机组燃用高水分褐煤时每年可节水超过5×10^4 m³,满足空冷机组全年的水耗指标,实现电厂"零补水"目的。

综上所述,发展常规水源之外的补充水源和采用经济合理的技术减少耗水量,仍是火电厂节水技术发展的两个方向。火电厂应该从自身所处地理位置、所在区域经济发展状况和环境特点出发,寻求适合自身发展的节水技术。

6.3 煤化工耗水分析

煤化工是以煤为原料,经过化学加工,使煤转化为气体、液体、固体燃料等化学品,并生产出各种化工产品的工业,对能源、水资源的消耗较大。煤化工产业可分为传统煤化工产业和现代煤化工产业。传统煤化工产业主要包括合成氨、甲醇、焦化、电石等子行业;现代煤化工产业则是以生产石油替代产品为主的产业,主要包括二甲醚、煤制油、煤制烯烃、煤制天然气、煤制乙二醇等产品。

6.3.1 煤化工用水环节分析

煤化工项目主要是通过煤气化产出合成气,将合成气进行变换、脱酸等工序后,进一步合成最终产品。从用水点分析,主要包括冷却水系统补充水、脱盐水系统补充水及生活和市政杂用直接用新鲜水。根据大型煤化工项目的用水特点,在全厂水平衡中直接取用的新鲜水在总用水量中所占比例较低。新鲜水主要用于补充冷却水及制取脱盐水,具体比例见表6.8。

表6.8 不同用途新鲜水在总用水量中所占比例　　　　　　单位:%

用途	在总用水量中所占比例
冷却水补充水	<10
脱盐水补充水	60~70
生活及市政杂用新鲜水	30~40

(1) 冷却水系统

煤化工项目中,冷却水系统是工艺生产过程中的重要环节,工艺装置中无用的余热需要冷却水带走,透平设备中无用的乏气需要冷却水冷凝后循环利用。为节约用水,这部分冷却水通过换热(以水或空气为换热介质采用强制对流换热)降温后循环利用,即构成了循环冷却水系统。煤化工项目中,循环冷却水系统补水量最多,用水所占比例最高,因此循环冷却水系统的节水效果对于全厂总用水影响最大。对具体项目而言,冷却水用量由于工艺方式的不同而有所不同。这主要是由气化技术的选择及最终产品的合成方式决定的。表6.9以甲醇为最终产品,分析应用不同气化技术所需的冷却水量。

表6.9 不同工艺技术甲醇装置的工艺冷却水用量　　　　　　单位:m^3

工艺技术	折吨甲醇冷却水用量
以水煤浆为原料	580~755
以干煤粉为原料	520~720
以块煤为原料	480~560

(2) 脱盐水系统

煤化工项目工艺过程中的流体需要通过换热来调节温度,透平设备需要蒸汽来驱动,其中所需的蒸汽主要通过锅炉及余热回收装置供应,而生产蒸汽的介质主要为脱盐水(除氧水)。在煤化工项目中,制备脱盐水所需的新鲜水是仅次于冷却水系统的第二大用水点(见表6.10)。

表 6.10　不同工艺技术甲醇装置脱盐水用量　　　　　　　单位：m³

工艺技术	折吨甲醇脱盐水用量
以水煤浆为原料	6～8
以干煤粉为原料	6～8
以块煤为原料	4～6

大部分水经过处理后，有的直接回用，有的作为污水排放。这些水的去向大致可以分为蒸发、分解、排污、携带等四个方面。

（1）蒸发

在煤化工工厂中，在凉水塔中挥发掉是这些水主要的去向。

（2）分解

这些水会在工艺过程中消失，分解为氢原子和氧原子，与其他物质形成新的化合物。

（3）排污

包括工艺污水、生活污水、非工艺污水等，分为直接清净的污水和处理后的污水。

（4）携带

一些固体排放物携带的水，例如渣浆和滤饼中携带的水。

每一个煤化工装置中，上述各部分水的量是不同的，具体情况要视工艺过程而定。表 6.11 是一个典型煤化工装置的数据，可以看出循环水蒸发的比例约占一半以上。

表 6.11　典型煤化工装置中水的去向　　　　　　　　　单位：%

项目	比例
循环水蒸发	53
工艺过程分解水	4
直排清净污水	27
处理后外排污水	9
随固体物携带	7

根据传统煤化工与现代煤化工的技术工艺不同、产品链不同，不同的煤化工产品的需水量也不同。表 6.12 为以规模经济规模生产的主要煤化工产

品的行业平均需水量数据。

表 6.12 主要煤化工产品的行业平均需水量表　　单位：吨水/吨产品

产品	行业平均需水量
甲醇	10～17
煤制烯烃	20～30
直接液化	6～7
间接液化	8～12
合成氨	12.5～18
焦炭	1.5
煤制乙二醇	9～30
煤制油	9～12

近期，国家有关部门也设定了煤化工装置新鲜水耗基本要求，如表 6.13 所示。

表 6.13 新鲜水耗基本要求

项目	新鲜水耗基本要求
煤间接液化(t/t)	≤10
煤制天然气(t/km^3)	≤7
煤制烯烃(t/t)	≤22
煤制合成氨(t/t)	≤6

6.3.2 煤化工节水技术

(1) 开式循环冷却水系统节水技术

开式循环冷却水系统节水主要通过提高循环水的浓缩倍数实现。提高循环水浓缩倍数是煤化工行业节水的有效途径，表 6.14 列出了相关数据（表中 E 为系统蒸发量，一般为总循环量的 1.0%～1.6%）。

表 6.14 循环水浓缩倍数对补充水量和排污水量的影响

浓缩倍数	补充水量	排污
2.0	2E	E
2.5	1.67E	0.67E

续表

浓缩倍数	补充水量	排污
3.0	1.50E	0.50E
4.0	1.33E	0.33E
5.0	1.25E	0.25E
10.0	1.11E	0.11E
15.0	1.07E	0.07E
20.0	1.05E	0.05E

开式循环冷却水系统冷却塔冷却过程中将空气中的灰尘、微生物及溶解氧带入系统,造成冷却水水质恶化,而循环水浓缩倍数的提高会导致冷却水中有害成分成倍增加。因此,在循环冷却水系统运行中,除排出一部分废水,补充新鲜水来降低水中有害物质浓度外,主要通过投加药剂来维持系统的正常运行。因此,循环冷却水浓缩倍数的提升主要依赖新型药剂的开发与推广。目前,循环冷却水系统的技术进步主要围绕以下四个方面展开。

① 抑制腐蚀

目前常用的水处理防腐药剂有巯基苯并噻唑(MBT)、苯骈三氮唑(BTA)和甲基苯骈三氮唑(TTA)等。水处理缓蚀剂有 N7359(Zn-P 混合物和有机物)和铜缓蚀剂苯骈三氮唑两种药剂,能够在设备表面形成致密的保护膜,达到抑制腐蚀的目的。

② 控制结垢

控制结垢的机理是通过螯合与分散作用达到缓蚀阻垢的目的。螯合作用是由于阻垢剂带有的基团能与金属离子形成配位键,生成一种环状螯合物,将易结垢离子在未析出之前稳定在水中,阻止晶核长大,从而起到阻垢作用。分散作用则是由于高分子阻垢剂带有很多负电基团,可吸附碳酸钙及硫酸钙等细小微粒,阻止晶核继续生长。

目前使用的阻垢剂包括有机磷类、聚天冬氨酸类、聚环氧琥珀酸类、木质素磺酸钠类、丙烯酸及丙烯酰胺类。有机磷类应用广泛,具有较好的缓蚀和阻垢作用,但二次污染严重,降低其二次污染是今后研究的重点。高分子缓蚀阻垢剂发展迅速,其效果好、毒性小、热稳定性好,可在较高温度下使用,是高效阻垢剂的发展趋势。另外,阻垢剂目前很多都采用单体投加使用,若与其他缓蚀阻垢剂相结合,或与不同阻垢剂复配使用,将会取得更好的效果。

③ 控制黏泥

循环冷却水的水温和 pH 均适宜微生物生长。微生物主要是菌藻类,能与其他有机或无机杂质构成黏泥附着、沉积在系统内,增加了水流阻力,严重降低了换热(冷)设备的传热效率。黏泥妨碍缓蚀剂发挥其防腐蚀功能,会促进腐蚀加剧。目前常用的控制黏泥的办法是投加氯类等氧化性杀生剂。中国石化齐鲁股份有限公司塑料厂采用氧化性杀菌剂氯气(Cl_2)和非氧化性杀菌剂季铵盐类复合药剂(ZY-446)交替使用的方法,控制微生物繁殖及生物黏泥的大量生成。两种杀菌剂联合使用,取长补短,有效地减轻了因微生物的生长而对循环水水质造成的各种负面影响,降低了循环水的消耗量和新鲜水的补充量。

④ 旁滤设备的应用

目前开式循环冷却水系统普遍采用旁滤设备,通过过滤掉循环冷却水的部分浊度及悬浮物,实现改善冷却水水质,控制微生物黏泥无序增长的目的,同时提高了冷却水的循环倍数。目前设计及运行中,循环水旁滤设备处理水量为冷却水总用量的 5%,实际应用中,通过设置旁滤设备,冷却水水质得到改善,为浓缩倍数的提高创造了有利条件。

目前国内建设及拟建的煤化工项目循环冷却水浓缩倍数普遍在 4～5,煤化工项目循环冷却水系统在以地表水作为水源的供水体系下,这个浓缩倍数已经是实际能够达到的较高水平,进一步提高浓缩倍数将难以在经济性与实际效果之间达到平衡。因此,进一步提高冷却系统的节水水平,需要采用空冷等替代技术来完成。

(2) 空冷技术

现有的空冷技术分为直接空冷技术及间接空冷技术。大型煤化工项目中,冷却工段主要包括大型蒸汽透平设备的冷却及工艺流体的冷却。透平设备的冷却与电站冷却流程类似,利用直接空冷即可达到冷却效果。由于工艺过程对流体温度的要求较高,工艺流体的冷却采用间接空冷的方式更为合理。虽然空冷系统发展较为成熟,但主要应用领域仍为电站,在大型煤化工项目中的应用近些年才开始推广,特别是间接空冷技术在大型煤化工项目中的应用更是少之又少。下面分别介绍直接空冷和间接空冷技术在煤化工项目中的应用。

① 直接空冷技术

煤化工项目中,适宜采用直接空冷的设备主要为大型蒸汽透平设备,包括发电机组、空压机、冷冻站压缩机、各工艺设备的压缩机等。对于煤化工项目整体而言,大型透平设备所需冷却水量约占全部冷却水用量的30%～50%,即煤化工项目蒸汽透平设备如全部采用直接空冷,可以减少30%～50%的冷却水量。直接空冷系统的一次性投资高,约为相同能力水冷系统的10倍,但由于其优异的节水及节能效果,通常3～4年即可收回投资。

② 间接空冷技术

直接空冷技术在温度适应性、降温效果等方面受外环境限制较大,而工艺装置对温度的稳定性又要求较高,因此煤化工项目工艺装置不适宜直接应用直接空冷技术。国内公司开发的闭式水膜空冷循环技术根据间接空冷的基本原理,结合煤化工工艺装置的特点进行了优化,目前在部分煤化工项目中得到了应用。

闭式水膜空冷循环水技术采用软水、脱盐水进行闭路循环,以联合型蒸发冷凝(冷却)器为核心设备进行热交换。冷却介质(软水或脱盐水)先进入翅片空气预冷管束,进行部分冷却,然后进入蒸发冷却管束,进一步冷却。空气从下部向上进入蒸发冷却管束,再向上进入翅片空气预冷管束,风机置于设备顶部。在翅片空气预冷管束和蒸发冷却管束之间,设有喷淋水系统,以备在夏季白天气温较高时进行喷淋蒸发,确保闭路循环水的给水温度。

这种冷却塔将水的蒸发与空气冷却、传热与传质过程融为一体,利用空气冷却的翅片预冷段和水膜蒸发段相结合强化换热,热效率高,并具降温保证性。由于增加了空气预冷段后,降低流体进入蒸发段的温度,进一步减小了湿式管束的负荷,达到了节约工业用水的目的。一般气候条件下,可停开部分联合式空冷器的喷淋水,甚至全部不用水,相当于直接空冷。由此可见,该设备在全年平均温度较低的北方地区节水效果可观。

目前国内煤化工项目设计中,采用此系统冷却水补水率约1%左右,相较传统的开式水冷技术节水效果显著,如表6.15所示。

表6.15 闭式水膜空冷循环技术节水效率　　　　　　　　　　　　　单位:%

冷却水循环倍数	开式冷却水系统补水率	闭式冷却水系统补水率	节水效率
3	0.02	0.01	50
4	0.018 75	0.01	47
5	0.015	0.01	33

闭式水膜空冷循环水技术尽管目前在化工系统应用较少,但在煤化工节水减排大趋势及国家对煤化工项目有降低水耗的要求下,目前部分筹备建设的煤化工项目在设计中采用了该技术。

(3) 密闭式冷凝液回收技术

化工生产中的冷凝液包括透平冷凝液和蒸汽冷凝液。透平冷凝液主要是蒸汽对外做功冷凝后产生的,污染较轻;而蒸汽冷凝液主要来自工艺生产过程中不同压力蒸汽的换热冷凝,冷凝液中会混有一定量的气体及其他污染物质,需要进一步处理后才能回用。

目前,大型煤化工项目冷凝液产生量约占项目所需脱盐水总量的60%左右,冷凝液回收利用对降低煤化工项目整体水耗至关重要。国内大型煤化工项目设计中均采用了冷凝液回收系统,但在实际操作中,冷凝液回收效率不高,造成了水资源的浪费。目前,国内开发的密闭式冷凝液回收系统为提高冷凝液回收率提供了技术支持。

密闭式冷凝液回收系统指的是冷凝水在回收利用的过程中不与大气接触的系统。一般来说,该系统处在高于大气压力的运行状态下,因而明显体现出了优于开放式回收系统的节能效果和综合效益。闪蒸损失的大大减少和冷凝水的及时输送,使冷凝水本身的热量得到比较充分的利用;冷凝水与空气的隔离状态使得水质保持较好的软化状态,并使得回水管道和附件腐蚀减轻;系统的可靠运行同时带来整个供热系统的平稳运行,既减少了热排放带来的环境污染,又减少了锅炉的负荷压力。

大型煤化工装置中透平冷凝液主要来自供热锅炉。闭式冷凝液回收技术目前主要应用在电厂及大型石化装置。由于目前国内大部分大型煤化工项目均在设计及建设中,尚没有完整的运行经验。以南京化工厂为例,其自备电站对汽轮机汽封加热器蒸汽冷凝水进行回收利用。他们在汽轮机轴伸出汽缸的两端以及自动主汽门、调速汽门和旋转隔板等处留有适当的间隙。由于这些间隙的前后都有压力差存在,所以通过这些间隙必然要发生漏气,进而造成损失。漏气还会使汽轮机的效率降低。为了减少这些漏气,确保汽轮机的安全、经济运行,在上述易发生漏气的部位均装有汽封装置。而汽封加热器其实就是一种表面式热交换器,即将上述漏气集中起来,将进入除氧器的化学除盐水用作冷却水,经过热交换,使漏气经过冷却后变为冷凝水,水温一般在80~90 ℃,且为合格的化学除盐水。运行表明,该方案不增设泵、电机和贮罐,经济效益良好。

工艺冷凝液由于凝点多,系统复杂,提高其凝液回收率较困难。齐鲁石化塑料厂利用闭式冷凝液回收技术对苯乙烯、聚乙烯、聚丙烯装置等六套装置的冷凝液系统进行了改造,回收冷凝液用作脱盐水供全厂使用。工程实施后,回收冷凝液16.38 m³/h。蒸汽冷凝液回收系统不仅节约了17 m³/h左右的新鲜水,冷凝液回收的能耗为57.24 MJ/m³,远低于脱盐水的标准能耗96.30 MJ/m³。该技术的节水、节能降耗作用非常明显,按脱盐水价格11.7元/m³,新鲜水价格2.0元/m³,每年操作时间8 000 h计,每年可增经济效益143.23万元,扣除循环水及用电成本后,每年可实现经济效益约110万元。由于目前在建及拟建的大型煤化工项目体量逐步扩大,冷凝液回收系统规模也逐步扩大,且更加复杂。在这种情况下,密闭式冷凝液回收技术还需要解决装置扩大化及多体系协同等问题,并需要针对煤化工项目工艺特点不断优化、完善。

(4) 水夹点技术

煤化工是不同工艺技术单元组合而成的过程工业,耗水量大,与之对应的废水量也较大。因此,充分利用好这部分废水,通过水梯级利用及重复利用,能够充分降低项目水耗,同时减少排污量。

从目前煤化工项目实际建设和运行情况看,废水复用效果并不理想,主要原因在于工厂没有充分认识到不同废水水质的差异及可能的用途,而是人为将所有废水进行混合后处理,造成水质的复合污染,实际上加大了废水处理的难度。因此,在煤化工项目设计及运行管理中,有必要引入水夹点技术进行全面系统的分析,对不同污染程度的污水进行有计划的分类收集与分质利用,以提高水系统整体运行效率,实现节水减排的目标。

水夹点技术实际上是过程理论在节水技术中的应用,目前在石化系统得到了广泛应用,并取得良好的节水效果。水夹点技术将全厂水系统各个部分作为一个整体,采用过程系统集成的原理和技术对用水系统进行优化调度,按品质需求逐级用水,一水多用,实现新鲜水消耗量和废水排放量同时减少。大型煤化工项目用水要求及环保要求严苛,水夹点技术在节水的同时减少了终端废水处理量,因此对于减轻后续污水处理与回用系统的压力大有裨益。

① 工艺装置内水梯级利用与重复利用

大型煤化工项目尽管最终产品不同,但所有项目的"龙头"及"核心"均为煤的气化装置。因此,气化装置的选择是后续工艺高效稳定运行的基础。对于水系统,由于气化装置以煤为头,以气为尾,涉及从固态的煤变成气态的合成气的全过程。该过程用水点分散,水质要求不尽相同,是最适宜进行水梯级利用的装置。下面分别从水煤浆气化工艺、干粉煤气化工艺两方面分析气化装置内水的梯级利用。

水煤浆气化工艺:根据水煤浆激冷流程工艺特点,主要用水点包括磨煤、制浆、激冷及合成气洗涤,其中磨煤工序、合成气洗涤工序对水质要求不高;激冷工序需要采用脱盐水。结合上述水质要求,水煤浆气化工序中可以采取如下措施实现水的梯级利用。首先,自气化炉、洗涤塔排出的黑水经过闪蒸降温、沉降、除氧等处理后,返回作为洗涤塔补水、锁斗冲洗水以及磨煤系统补水等循环使用;其次,低温甲醇洗工序中,甲醇/水分离塔的甲醇蒸汽,不经冷凝直接进入热再生塔;最后,变换及热回收工序中,工艺冷凝水直接送煤气化装置回收利用。

干粉煤气化工艺:干粉煤气化包括激冷流程及废锅流程。按照煤化工项目的特点,激冷流程用于化工生产更为合适。根据激冷流程干粉煤气化工艺特点,主要用水点为激冷与合成气洗涤。其中,激冷工段需要水质较好的脱盐水,合成气洗涤工段对水质要求相对较低,可以利用气化工艺系统内部的回用水。结合上述要求,干粉煤气化工序中,可以采用如下措施实现水的梯级利用。首先,各装置采用节能型工艺流程,减少冷却负荷,降低冷却水消耗量;其次,变换工艺,将冷凝液经汽提处理后供煤气化装置循环利用;最后,温度较高的冷凝液可先采用空冷系统,后采用水冷技术,减少循环水用量。

② 污水的分类处理与分质回用

污水的回用实际上主要有两种方式:污水不经处理直接回用和污水经处理后回用于用水系统。由于不同工段对水质要求不尽相同,而不同污水的污染程度也不同,因此可根据不同工段水质要求,将不同污染程度的污水进行有针对性的处理与回用,能够提高污水的回用效率,同时降低终端污水处理系统的处理量与处理难度,达到节水与减排的双重效果。

图 6.3 为某大型煤化工项目废水分质处理与回用过程示意图。该项目废水根据水质特点可划分为低污染污水(MTA 污水)、中度污染污水(气化及其他废水)、重度污染污水(PTA 废水),通过对系统用水特点及不同污水水质特点的分析采用不同的处理回用方式。

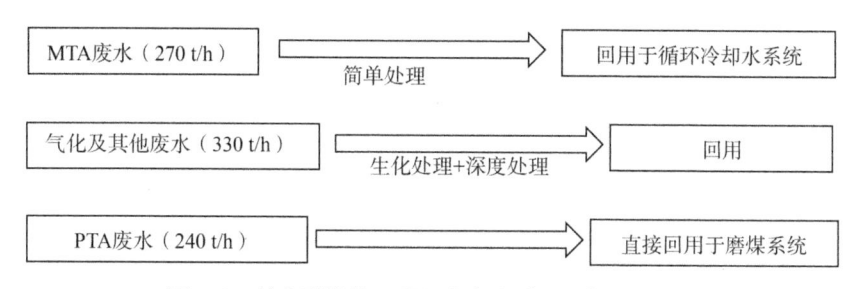

```
MTA废水（270 t/h）  ──简单处理──→  回用于循环冷却水系统

气化及其他废水（330 t/h）  ──生化处理+深度处理──→  回用

PTA废水（240 t/h）  ──────────→  直接回用于磨煤系统
```

图 6.3　某大型煤化工项目废水分质处理与回用过程

采用该种方式不仅降低了后续污水处理与回用的难度,而且降低了污水处理与回用系统的投资与运行费用。

③ 废水零排放技术

根据前述分析,煤化工项目生产污水排放系数在 0.2～0.3,清净废水排放量与生产污水大致相当。从节水角度出发,废水零排放技术将生产污水及清净废水全部收集处理后回用至工艺系统,是对新鲜水的有效补充。煤化工项目废水如果能够全部回收,将减少 30%～50% 的新鲜水取用量,节水效果显著。

我国大型煤化工项目建设过程中,废水零排放技术一直是技术难点(技术方案如图 6.4 所示),目前主要的问题集中在三方面:高浓度酚氨废水的长期稳定达标,含盐废水处理过程中设备的污堵腐蚀及系统的盐平衡优化和高浓盐液的安全处置。这些问题还需要在今后的项目建设进程中不断加以解决(张军等,2018)。

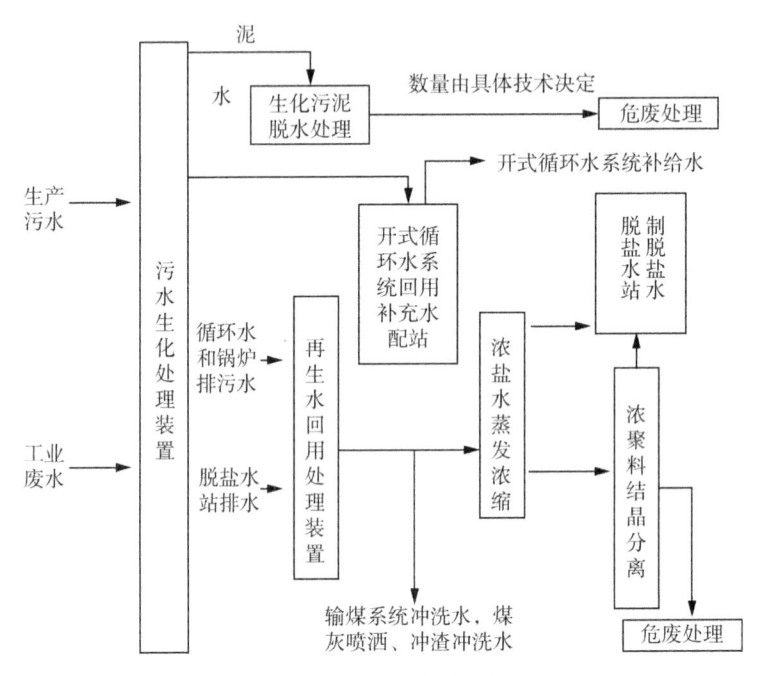

图 6.4 废水零排放技术方案

6.4 本章小结

本章针对煤炭开发利用主要形式:原煤开采、燃煤发电和煤化工的耗水问题展开研究。根据其生产流程,分析主要耗水环节,并对单位产量的用(取)水定额展开调研与分析。虽然,国家或地区对上述产业的取水/用水定额做出规定,但是由于原料、设备、工艺以及水资源环境的差异,企业实际生产取水围绕定额呈现波动状态。

第七章
水资源规制约束下的异质涉煤生产企业响应行为分析

在制度环境给定的前提下,经济代理人旨在将各类交易与各类治理结构匹配,以促进规划效果的实现。当前,水资源规制内容包含行政命令与市场两种途径,常见规制设计研究多采取面向目标的自上而下的模式,缺少对涉煤生产企业响应行为策略的分析,影响实施效果。另外,涉煤生产企业内生差异可能导致其对规制响应的分化,也是规制设计过程中应该注意的问题。

7.1 异质涉煤生产企业对规制的响应行为模型

7.1.1 问题描述与假设

本书借鉴已有研究关于异质企业的描述,对涉煤生产企业进行分类,研究内生差异对涉煤生产企业规制响应行为的影响。依据生产规模、成本以及市场控制力,将处于同一市场的涉煤生产企业分为强势与弱势两类。其中,n($n>0$)个强势涉煤生产企业简称"强势厂商",强势厂商群体记为 $S=\{s_1, s_2, s_3 \cdots s_i \cdots s_n\}$,$m$($m>0$)个弱势涉煤生产企业简称"弱势厂商",弱势厂商群体记为 $W=\{w_1, w_2, w_3 \cdots w_j \cdots w_m\}$。基于非对称演化博弈理论构建异质涉煤生产企业行为模型,以演化稳定策略分析为基础,且假设该市场的涉煤产品完全可替代,考虑水资源约束规制,两类涉煤生产企业群体的行为策略集合为{合作,不合作}。其中,"合作"行为即厂商考虑到水资源约束,采用节水技术或控制产量减少耗水;"不合作"行为即厂商不计水资源约束,扩大产量。为激励厂商采取"合作"行为,规制者采用市场与行政两种手段:当生产耗水高于配置量时,强、弱厂商通过水权交易获取额外用水,支付的额外用水成本分别记为Δk_1、Δk_2;当规制者获知涉煤生产厂商采取"不合作"行为,则处以行政处罚,记为R。强势厂商群体S中选择"不合作"行为的比例为x,则选择"合作"行为的比例为$(1-x)$;弱势厂商群体W选择"不合作"策略的比例为y,则选择"合作"行为的比例为$(1-y)$。由于,规制者与厂商间的信息不对称,政府部门准确获知厂商行为的概率为α。总结博弈过程变量及定义如表7.1所示。

表 7.1 模型变量与参数

符号	定义	符号	定义
U_1	双方均选择合作时,强势厂商获得的收益	U_2	双方均选择合作时,弱势厂商获得的收益
c_1	强势厂商扩大产量的额外生产成本	c_2	弱势厂商扩大产量的额外生产成本
Δu_1	强势厂商扩大产量所获额外收益($\Delta u_1 > c_1$)	Δu_2	弱势厂商扩大产量所获额外收益($\Delta u_2 > c_2$)
Δk_1	扩大产量时,强势厂商的额外水成本	Δk_2	扩大产量时,弱势厂商的额外水成本
Δl_1	强势厂商单方采取"合作"行为,约束生产所损失的市场收益	Δl_2	弱势厂商单方采取"合作"行为,约束生产所损失的市场收益
α	政府部门监管成功率($0<\alpha<1$)	R	政府部门给予涉煤生产企业的处罚

考虑两大群体的厂商之间随机配对进行博弈。在某阶段博弈中,强、弱厂商均采取"合作"行为时,所获收益分别记为U_1、U_2,则形成非对称博弈的支付矩阵如表7.2所示。

表 7.2 涉煤生产企业博弈支付矩阵

涉煤企业		策略 A 合作	策略 B 不合作
策略 A	合作	U_1;U_2	$U_1 - \Delta l_1$;$U_2 + \Delta u_2 - c_2 - \alpha R$
策略 B	不合作	$U_1 + \Delta u_1 - c_1 - \alpha R$;$U_2 - \Delta l_2$	$U_1 + \Delta u_1 - c_1 - \Delta k_1 - \alpha R$;$U_2 + \Delta u_2 - c_2 - \Delta k_2 - \alpha R$

7.1.2 异质涉煤生产企业的复制动态分析

异质涉煤生产群体间随机配对进行博弈。根据表 7.2,强势厂商群体采取"合作"策略的期望收益为：

$$U_{s_1} = (1-x)U_1 + x(U_1 - \Delta l_1) \tag{7.1}$$

强势厂商群体采取"不合作"策略的期望收益：

$$U_{s_1}^1 = (1-x)(U_1 + \Delta u_1 - c_1 - \alpha R) + x(U_1 + \Delta u_1 - c_1 - \Delta k_1 - \alpha R) \tag{7.2}$$

综合可得,强势厂商群体的平均期望收益为：

$$\overline{U}_{s_1} = (1-x)U_{s_1} + xU_{s_1}^1 \tag{7.3}$$

同上,弱势厂商群体采取"合作"策略的期望收益：

$$U_{w_2} = (1-y)U_2 + y(U_2 - \Delta l_2) \tag{7.4}$$

弱势厂商群体采取"不合作"策略的期望收益：

$$U_{w_2}^1 = (1-y)(U_2 + \Delta u_2 - c_2 - \alpha R) + y(U_2 + \Delta u_2 - c_2 - \Delta k_2 - \alpha R) \tag{7.5}$$

弱势厂商群体的平均期望收益：

$$\overline{U}_{w_2} = (1-y)U_{w_2} + yU_{w_2}^1 \tag{7.6}$$

当学习导致厂商模仿行为存在时滞时,两个厂商群体采取"不合作"行为的比例 x、y 是时间 t 的函数 $x(t)$、$y(t)$。王先甲等指出区别于混合均匀的同质主体,当种群中存在个体一致时,需要以网络结构为基础,探讨个体微观层面上的演化动态。为了简化讨论,本书假设厂商的学习发生在群体内部,因此采用复制动态方程(Replicator Dynamics, RD)描述在两类厂商群体随机配对的反复博弈中,群体行为策略的比例动态变化,根据公式(7.1)—(7.6)推导强势厂商的复制动态方程为：

$$X = \frac{\mathrm{d}x}{\mathrm{d}t} = x(U_{s_1}^1 - \overline{U}_{s_1}) = x(1-x)(U_{s_1}^1 - U_{s_1})$$

$$= x(1-x)[\Delta u_1 - c_1 - \alpha R - y(\Delta k_1 - \Delta l_1)] \tag{7.7}$$

根据式(7.4)—(7.6)推导弱势厂商的复制动态方程为：

$$Y = \frac{dy}{dt} = y(U_{w_2}^1 - \overline{U}_{w_2}) = y(1-y)(U_{w_2}^1 - U_{w_2})$$

$$y(1-y)[\Delta u_2 - c_2 - \alpha R - x(\Delta k_2 - \Delta l_2)] \tag{7.8}$$

令 $X=0$、$Y=0$ 时，由复制动态方程(7.7)、(7.8)，系统可能的平衡点分别为：$P_1(0,0)$、$P_2(1,0)$、$P_3(0,1)$、$P_4(1,1)$ 和 $P_5(x^*, y^*)$。其中：

$$x^* = \frac{\Delta u_2 - c_2 - \alpha R}{\Delta k_2 - \Delta l_2}$$

$$y^* = \frac{\Delta u_1 - c_1 - \alpha R}{\Delta k_1 - \Delta l_1} \tag{7.9}$$

分别对 x 和 y 求偏导数，可得出 Jacobian 矩阵为：

$$\boldsymbol{J} = \begin{bmatrix} \frac{\partial X}{\partial x} & \frac{\partial X}{\partial y} \\ \frac{\partial Y}{\partial x} & \frac{\partial Y}{\partial y} \end{bmatrix}$$

$$= \begin{bmatrix} (1-2x)[\Delta u_1 - c_1 - \alpha R - y(\Delta k_1 - \Delta l_1)] & x(1-x)(\Delta l_1 - \Delta k_1) \\ y(1-y)(\Delta l_2 - \Delta k_2) & (1-2y)[\Delta u_2 - c_2 - \alpha R - x(\Delta k_2 - \Delta l_2)] \end{bmatrix}$$

$$\tag{7.10}$$

7.1.3 演化稳定策略(ESS)分析

将上述线性系统解的稳定性判定问题转化为对应线性齐次系统零解的稳定性问题，证明不同惩罚程度下，演化策略稳定策略是否存在。

命题1：当 $R < \min\left(\frac{\Delta u_1 - c_1 - \Delta k_1 + \Delta l_1}{\alpha}, \frac{\Delta u_2 - c_2 - \Delta k_2 + \Delta l_2}{\alpha}\right)$ 时，$P_4(1,1)$ 为系统的局部渐近稳定点，则异质性涉煤生产企业群体的演化稳定策略为{不合作，不合作}。

证明：系统的局部平衡点为 $P_4(1,1)$ 时，根据系统的 Jacobian 矩阵可解出相应的特征根分别为：$\lambda_1 = -(\Delta u_1 - c_1 - \alpha R - \Delta k_1 + \Delta l_1)$，$\lambda_2 = -(\Delta u_2 - c_2 - \alpha R -$

$\Delta k_2 + \Delta l_2$);由于 $R < \min\left(\frac{\Delta u_1 - c_1 - \Delta k_1 + \Delta l_1}{\alpha}, \frac{\Delta u_2 - c_2 - \Delta k_2 + \Delta l_2}{\alpha}\right)$,系统特征根 λ_1、λ_2 均为负实部。因此,点 $P_4(1,1)$ 是系统演化稳定策略 ESS(1,1)。

由命题1可知,若惩罚 R 小于弱势厂商扩大产量所获额外收益,此时两类厂商"不合作"所获额外收益大于水权交易成本 Δk_i 与惩罚 R 之和,因此两类企业倾向于选择"不合作"行为。

命题2:当 $R > \max\left(\frac{\Delta u_2 - c_2}{\alpha}, \frac{\Delta u_1 - c_1}{\alpha}\right)$ 时,$P_1(0,0)$ 为系统的局部渐近稳定点,双方行为策略演化稳定为{合作,合作}。

证明:系统的局部平衡点为 $P_1(0,0)$ 时,根据系统的 Jacobian 矩阵可解出相应的特征根分别为:$\lambda_1 = \Delta u_1 - c_1 - \alpha R$,$\lambda_2 = \Delta u_2 - c_2 - \alpha R$;由于 $R > \max\left(\frac{\Delta u_2 - c_2}{\alpha}, \frac{\Delta u_1 - c_1}{\alpha}\right)$,则两个特征根均为负实部;因此,$P_1(0,0)$ 为系统的局部渐近稳定点,此时系统的演化稳定策略 ESS(0,0)。

由命题2可知,若惩罚 R 大于强势厂商扩大产量所获额外收益,此时两类厂商"不合作"所获额外收益小于惩罚 R,两类企业倾向于选择"合作"行为。

命题3:惩罚 $R \notin \left(\frac{\Delta u_1 - c_1 - \Delta k_1 + \Delta l_1}{\alpha}, \frac{\Delta u_2 - c_2}{\alpha}\right)$ 时,放弃 $P_3(0,1)$ 作为系统的局部渐近稳定点。

证明:系统局部渐进稳定点为 $P_3(0,1)$ 时,可解出相应的特征根分别为:$\lambda_1 = \Delta u_1 - c_1 - \alpha R - \Delta k_1 + \Delta l_1$,$\lambda_2 = -(\Delta u_2 - c_2 - \alpha R)$,若 $R \in \left(\frac{\Delta u_1 - c_1 - \Delta k_1 + \Delta l_1}{\alpha}, \frac{\Delta u_2 - c_2}{\alpha}\right)$ 时,上述特征根 λ_1、λ_2 为负实部。

考虑强势厂商的获利优势,以下关系成立:① $\Delta u_1 - c_1 > \Delta u_2 - c_2$;② $\Delta k_1 > \Delta l_1$;③ $\Delta u_1 - c_1 - \Delta k_1 + \Delta l_1 > \Delta u_2 - c_2 - \Delta k_1 + \Delta l_1 > \Delta u_2 - c_2$。因此,对于异质涉煤生产企业而言,有惩罚 $R \notin \left(\frac{\Delta u_1 - c_1 - \Delta k_1 + \Delta l_1}{\alpha}, \frac{\Delta u_2 - c_2}{\alpha}\right)$;由此可知,异质涉煤生产企业不可能达到的 ESS 为{不合作,合作},即强势厂商选择合作,弱势涉煤企业选择不合作的状态。

命题4:当 $\frac{\Delta u_2 - c_2 - \Delta k_2 + \Delta l_2}{\alpha} < R < \frac{\Delta u_1 - c_1}{\alpha}$ 时,$P_2(1,0)$ 为系统的

局部渐近稳定点,则两类企业最终达到的演化稳定策略 ESS 为{不合作,合作}。

证明:系统的局部平衡点为 $P_2(1,0)$ 时,根据 Jacobian 矩阵可解出相应的特征根分别为: $\lambda_1 = -(\Delta u_1 - c_1 - \alpha R)$, $\lambda_2 = \Delta u_2 - c_2 - \alpha R - \Delta k_2 + \Delta l_2$,当 $\frac{\Delta u_2 - c_2 - \Delta k_2 + \Delta l_2}{\alpha} < R < \frac{\Delta u_1 - c_1}{\alpha}$ 时,系统的两个特征根 λ_1、λ_2 均为负实部,点 $P_3(1,0)$ 是系统的局部渐近稳定点,即演化稳定策略 ESS(1, 0)。

由命题 4 可知,当惩罚 R 介于弱势厂商"不合作"所获额外收益与强势厂商扩大产量新增毛利润时,参与博弈的涉煤企业群体行为选择出现分化,系统演化稳定策略 ESS 为{不合作,合作},即强势厂商倾向于"不合作",弱势厂商则倾向于"合作"。

命题 5:当 $0 < x^*, y^* < 1$ 时, $P_5(x^*, y^*)$ 为系统的鞍点,非动态系统演化稳定策略 ESS。

证明:当局部平衡点为 $P_5(x^*, y^*)$ 时,系统的 Jacobian 矩阵为:

$$J = \begin{bmatrix} 0 & -(1-x)(\Delta u_2 - c_2 - \alpha R) \\ -(1-y)(\Delta u_1 - c_1 - \alpha R) & 0 \end{bmatrix}$$

(7.11)

令 $P = -(1-x)(\Delta u_2 - c_2 - \alpha R)$, $Q = -(1-y)(\Delta u_1 - c_1 - \alpha R)$,矩阵 J 的特征根为 $\lambda_1 = \sqrt{PQ}$, $\lambda_2 = -\sqrt{PQ}$。由于 $0 < x < 1, 0 < y < 1$,可得 $PQ > 0$,则系统特征根 λ_1、λ_2 异号, $P_5(x^*, y^*)$ 为系统鞍点而非局部渐近稳定点。

由命题 1—5 可知,在不同惩罚 R 下,异质涉煤生产企业群体可能收敛的 ESS 为 $P_1(0,0)$, $P_2(0,1)$, $P_4(1,1)$。

7.1.4 讨论:综合相位图与 ESS 的行为驱动特征分析

由复制动态方程与已证明命题可知,惩罚程度 R 的边界为强势厂商所获期望收益与弱势厂商所获期望收益,惩罚 R 由强到弱分别记为 R_{tough}, $R_{moderate}$, R_{mild},对应鞍点坐标分别记为 (x_0, y_0), (x_1, y_1), (x_2, y_2),由(7.9)式可知:

$$x_0 = \frac{\Delta u_2 - c_2 - \alpha R_{\text{tough}}}{\Delta k_2 - \Delta l_2}, y_0 = \frac{\Delta u_1 - c_1 - \alpha R_{\text{tough}}}{\Delta k_1 - \Delta l_1} \quad (7.12)$$

$$x_1 = \frac{\Delta u_2 - c_2 - \alpha R_{\text{moderate}}}{\Delta k_2 - \Delta l_2}, y_1 = \frac{\Delta u_1 - c_1 - \alpha R_{\text{moderate}}}{\Delta k_1 - \Delta l_1} \quad (7.13)$$

$$x_2 = \frac{\Delta u_2 - c_2 - \alpha R_{\text{mild}}}{\Delta k_2 - \Delta l_2}, y_2 = \frac{\Delta u_1 - c_1 - \alpha R_{\text{mild}}}{\Delta k_1 - \Delta l_1} \quad (7.14)$$

由于$R_{\text{tough}} > R_{\text{moderate}} > R_{\text{mild}}$，则$x_0 < x_1 < x_2$；$y_0 < y_1 < y_2$，综合复制动态相位图、动态关系和稳定性如图7.1所示。

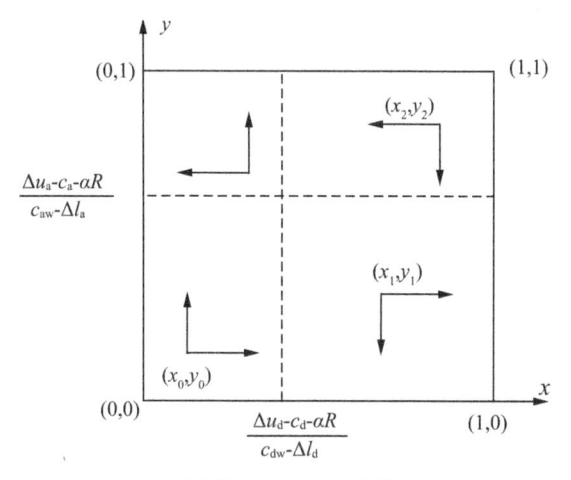

图7.1 异质涉煤生产企业群体的综合相位图

由图7.1可知，在不同的规制惩罚情景下，强势和弱势涉煤企业在过程中呈现以下特征：

（1）两类异质涉煤企业群体最终演化的结果都不可能稳定地以某一比例选择合作或者非合作，即不存在混合策略。两类企业的演化博弈系统存在5个可能稳定点$P_1(0,0)$、$P_2(0,1)$、$P_3(1,0)$、$P_4(1,1)$、$P_5(x^*, y^*)$，其中，$P_1(0,0)$，$P_3(1,0)$，$P_4(1,1)$为演化稳定策略（ESS），而$P_5(x^*, y^*)$为鞍点。在惩罚规制下，两类涉煤生产企业均不会以稳定比例选择合作，两类企业行为收敛于{合作,合作}或{不合作,不合作}，或强、弱势涉煤企业分别选择{不合作,合作}。

（2）惩罚程度R决定两类涉煤生产企业行为的ESS。当惩罚为R_{tough}时，因"不合作"承担的损失超过强势涉煤企业采取"合作"行为所获收益,两类涉煤生产群体选择"不合作"行为的概率逐渐减小,收敛于$P_1(0,0)$;当惩罚为R_{moderate}时,因强势涉煤生产群体"不合作"承担的损失低于采取"合作"行为所获收益,因此强势涉煤生产群体更趋向于选择"不合作"行为,而弱势涉煤生产群体"不合作"承担的损失高于弱势涉煤企业采取"合作"行为所获收益,因此弱势涉煤生产群体更趋向于选择"合作"行为,收敛于$P_2(0,1)$;当惩罚为R_{mild}时,因"不合作"承担的损失小于弱势涉煤企业采取"合作"行为所获收益,两类涉煤生产群体选择"合作"行为的概率逐渐减小,收敛于$P_4(1,1)$。

两类异质厂商的复制动态演化轨迹如图 7.2 所示。

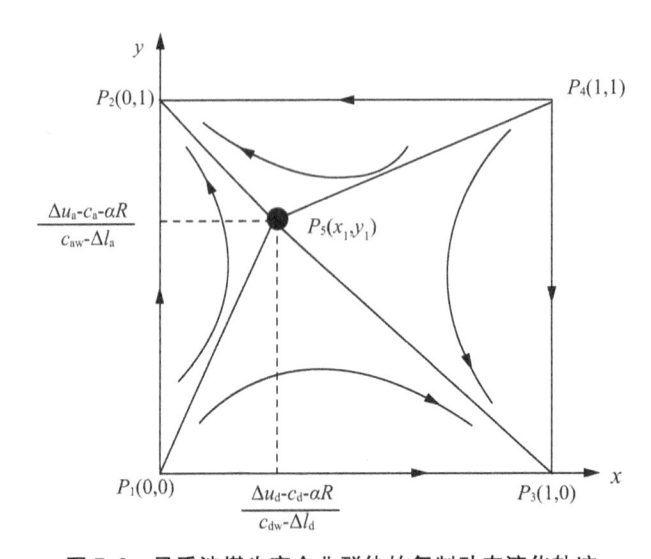

图 7.2 异质涉煤生产企业群体的复制动态演化轨迹

根据图 7.2,分析影响两类厂商收敛的部分关键参数如下:

① 异质涉煤生产企业主体采取非合作时的额外收益 Δu_1, Δu_2。根据图 7.2 所示演化轨迹,可知当强势涉煤企业的额外收益 Δu_1 越高以及弱势涉煤企业的额外收益 Δu_2 减小时,其曲线下方 $P_1P_2P_3P_4$ 的面积愈大,说明整个两类企业收敛于 ESS(1,0) 的可能性愈高。

② 双水权交易产生的额外水成本 Δk_1、Δk_2,从而导致企业的期望收益降低,两类涉煤厂商收敛于 ESS(0,0) 的概率也提高。

③ 单方采取"不合作"行为时,强、弱势涉煤企业市场收益损失 Δl_1、Δl_2。

若涉煤企业主体用水损失差异较大,则 $\Delta l_1 > \Delta l_2$, $\Delta k_1 - \Delta k_2 < \Delta l_1 - \Delta l_2$,由图7.2所示,当 R 处于一定范围时,异质涉煤厂商的行为选择差异越明显,四边形 $P_1P_2P_3P_4$ 面积愈大,两类厂商趋于 ESS(1,0) 的概率愈高。

基于上述理论模型分析,下一节采用数值实验和仿真,刻画不同惩罚程度下,两类涉煤厂商行为策略收敛于 ESS 的过程与行为驱动动因。

7.2 计算实验与仿真

7.2.1 参数设置

基于上述异质涉煤生产企业的响应行为建模与均衡分析,本节通过数值实验模拟前述稳定状态形成过程,异质涉煤企业对规制的响应行为与对应收益变化趋势。以宁夏区域煤炭开发利用方案为例,为直观方便地展示趋势结果,分别根据实际数据间的关系设置强势与弱势厂商的静态参数 Δu_1、Δu_2、Δl_1、Δl_2、Δk_1、Δk_2、α、c_1、c_2 的初始值如表7.3所示。

表7.3 异质涉煤生产企业仿真参数值设定

强势厂商相关参数值设定		弱势厂商相关参数值设定	
Δu_1	100	Δu_2	50
c_1	25	c_2	40
Δk_1	15	Δk_2	10
Δl_1	6	Δl_2	9
α		0.5	

由表7.3可知,强势厂商存在规模优势,其成本控制、获利能力均高于弱势厂商;同时,由于扩张能力差异,强势企业单方"不合作"导致的收益损失大于弱势企业单方"不合作"导致的收益损失 $\Delta l_2 < \Delta l_1$;为了扩大生产,厂商从水权交易市场购入用水权,产生成本 Δk_1 与 Δk_2,由上一节的分析可知,强势厂商倾向于"不合作"扩大产量,因此设置 $\Delta k_1 > \Delta k_2$。

7.2.2 数值实验:异质涉煤生产企业行为策略稳定点演化过程

根据已建立的博弈模型,采用 Matlab 进行数值计算,获得异质涉煤生产企业收敛于 ESS 的过程。根据命题 1—3,设置三种程度的惩罚分别为:无惩罚 $R_{zero}=0$、适中惩罚 $R_{moderate}=90$、强硬惩罚 $R_{tough}=180$;x、y 分别表示强势与弱势厂商不合作概率的大小,初始点 (x_i,y_i)($i=1,2,3$)分别为:$(0.1,0.25)$、$(0.5,0.5)$、$(0.82,0.73)$;同一惩罚规制下异质涉煤生产企业策略选择概率为 (x_{0i},y_{0i});惩罚规制叠加水权交易的市场调节作用下,强、弱势厂商不合作的选择概率为 (x_{0i}^w,y_{0i}^w)。

(1)当惩罚为 $R_{zero}=0$ 时,计算实验结果如图 7.3 所示。

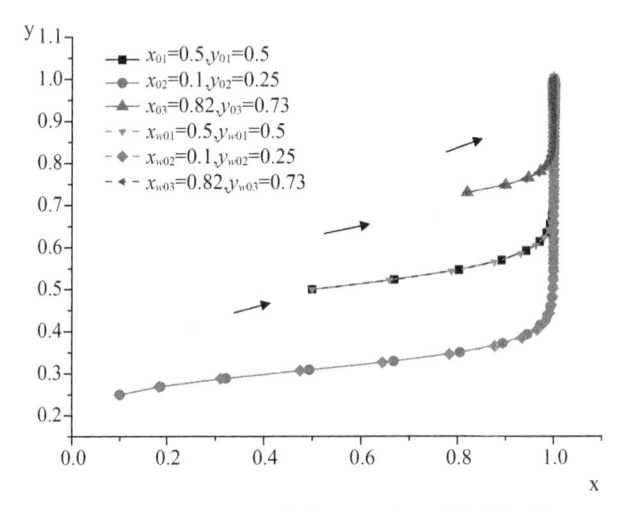

图 7.3 $R_{zero}=0$,x、y 收敛于 ESS(1,1)的演化过程

由图 7.3 可知,当 $R_{zero}=0$ 时,满足 $R<\min\left(\dfrac{\Delta u_1-c_1-\Delta k_1+\Delta l_1}{\alpha},\right.$ $\left.\dfrac{\Delta u_2-c_2-\Delta k_2+\Delta l_2}{\alpha}\right)$,强、弱势厂商行为策略收敛于 ESS(1,1),与命题 1 的结论相符。由图 7.3 可知,当无惩罚规制时,强势涉煤生产企业选择不合作的概率逐步增加,且企业间相互学习、扩散,最后整体收敛于"不合作"行为;相较于强势厂商,弱势厂商选择不合作概率的渐进趋势不明显,说明同类之间的学习与扩散能力较弱,但是一旦强势厂商群体行为收敛于"不合作"时,弱势厂商群体快速收敛于"不合作",可见弱势厂商是不合作行为的"跟随者";对比叠加额外水成本与单一无惩罚规制时,两类涉煤生产企业的策略演化轨迹可知:市场化的水权交易对涉煤生产企业的行为无影响;另外,无惩罚

规制时在初始点位置对上述演化趋势无影响。

(2) 当惩罚 $R_{\text{moderate}}=90$ 时,计算实验结果如图 7.4 所示。

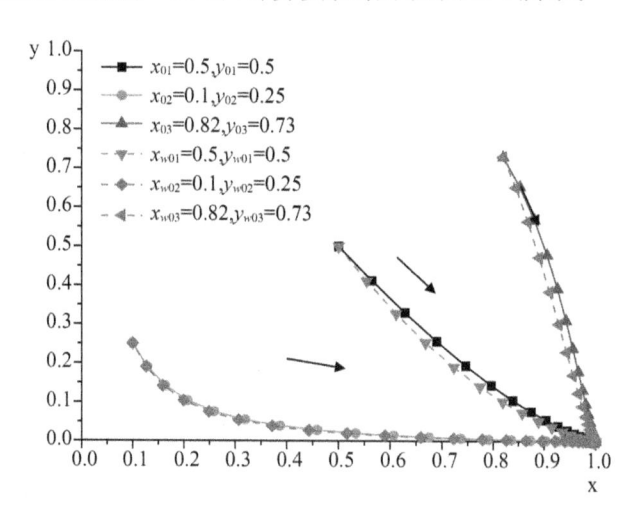

图 7.4 $R_{\text{moderate}}=90$, x、y 收敛于 ESS(1, 0) 的演化过程

由图 7.4 可知, $R_{\text{moderate}}=90$ 时,满足 $\dfrac{\Delta u_2-c_2-\Delta k_2+\Delta l_2}{\alpha}<R<\dfrac{\Delta u_1-c_1}{\alpha}$, 两类涉煤生产企业行为策略{不合作,合作},与命题 4 的结论相符。由图 7.4 可知,当存在中等程度的惩罚时,弱势厂商群体逐步选择"合作",收敛速度与 y 的初始值呈反比;此时,强势厂商扩大生产所获利润高于惩罚支付,该群体逐步选择"不合作",收敛速度与 x 的初始值呈正比;另外,当 x、y 初始值较小时,水权交易不影响两类企业群体的行为收敛的趋势与速度,但当 x、y 初始值较大(大于 0.5)时,水权交易的存在导致额外水成本增加,弱势群体收敛于"合作"行为的速度不变,强势群体收敛于"不合作"行为速度变缓。

(3) 当 $R_{\text{tough}}=180$ 时,计算实验结果如图 7.5 所示。

由图 7.5 可知, $R_{\text{tough}}=180$, 满足 $R>\dfrac{\Delta u_1-c_1}{\alpha}$, 强势与弱势厂商行为策略演化至 ESS(0,0),与命题 2 证明的结论相符。其中,弱势厂商的收敛速率快于强势厂商,两类群体初始不合作概率对该趋势无影响;另外,当群体初始不合作概率较低时,交易产生的额外水成本对收敛于"不合作"行为无影响;

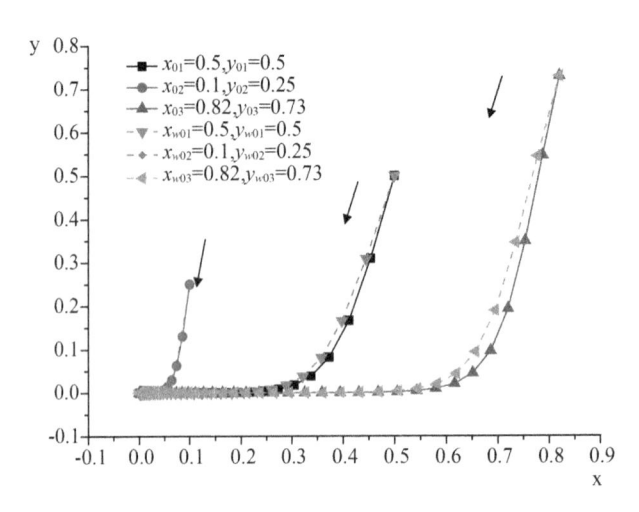

图 7.5　$R_{\text{tough}}=180$，x、y 收敛于 ESS(0, 0)的演化过程

当群体初始不合作概率较高时，额外水成本加快了强势厂商收敛于"合作"行为，但是对弱势厂商几乎无影响。由此可知，弱势厂商对加大惩罚响应程度高，强势厂商则是"合作"行为的跟随者。

对比分析上述计算实验可知：① 惩罚规制对异质涉煤生产企业行为选择具有决定性作用；② 两类群体初始"不合作"概率不影响群体行为演化趋势；③ 水权交易产生的额外用水成本对群体行为策略的选择趋势没有影响，但是在适中和加重惩罚两种情境下，额外的用水成本将影响行为收敛速率；④ 由于对惩罚的担心，弱势厂商群体是"不合作"行为的跟随者，而强势厂商群体则是"合作"行为的跟随者。上述计算实验验证了命题中 ESS 收敛过程，下一小节将基于惩罚规制—收益—行为的传导链，仿真规制驱动行为的过程。

7.2.3　异质涉煤生产企业的收益演化趋势仿真

不同惩罚情景下，仿真对应的博弈双方收益演化过程，有助于理解规制驱动行为的原因，由于上期两类厂商群体行为演化对当期的行为策略选择间存在反馈关系，因此基于已构建的演化博弈模型，结合系统动力学（System Dynamics，SD），仿真存在产量竞争的涉煤产品市场中异质厂商的行为策略形成过程。其中，假设：① 当厂商选择"不合作"行为时，所需水量超过配额，则需在水权交易市场购买且同时以 50% 的概率承受惩罚规制；② 两类厂商个体均可获知前一阶段同类、异类的收益情况,并调整群体的不合作概率;③ 两类厂商均通过比较当前阶段的期望收益差(期望收益差＝"合作"期望收益－"不合作"期望收益),确定下一阶段的行为策略。随机配对竞争的两个厂商行为演化的系统动力学仿真流图如图 7.6 所示。

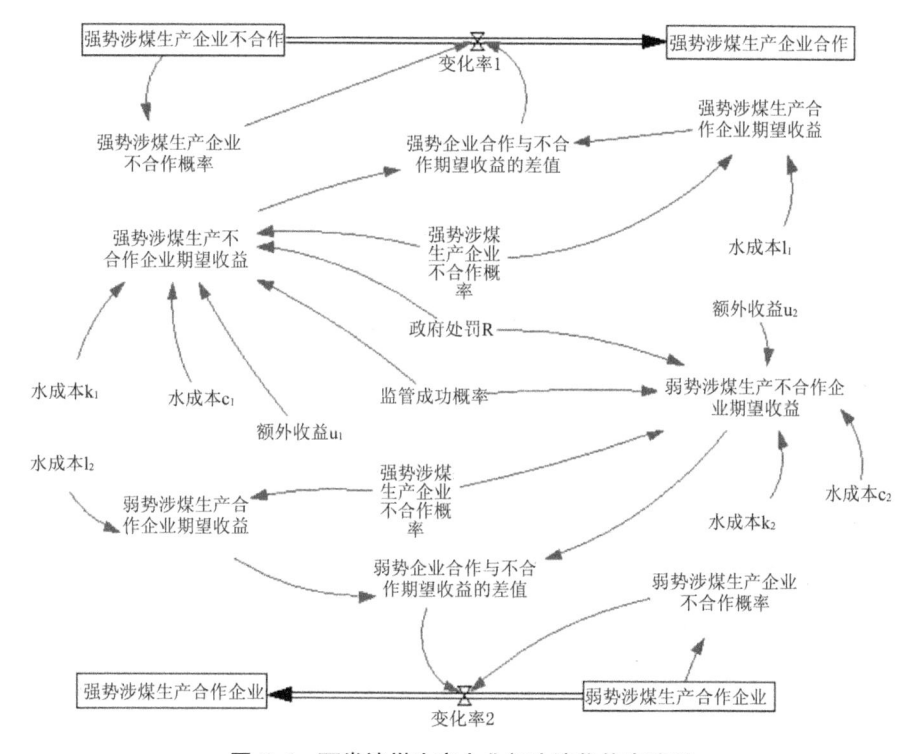

图 7.6 两类涉煤生产企业行为演化仿真流图

图 7.6 中的辅助变量监管成功概率、生产成本、水成本的赋值与计算实验一致,其中,政府惩罚分别取:$R_{zero}=0$、$R_{moderate}=90$ 和 $R_{tough}=180$,则仿真得到三种惩罚情景下异质涉煤生产企业对应的行为选择期望收益差的演化趋势。

(1) 情景仿真 1:$R_{zero}=0$ 时,强势与弱势厂商合作与不合作所获得的期望收益的差值变化情况如图 7.7-1 和图 7.7-2 所示。

由图 7.7-1 和 7.7-2 可知:当无惩罚规制时,两类企业群体分别采取"合作"和"不合作"行为所获期望收益差值小于 0,即选择"不合作"行为的期望收益大于选择"合作"行为的收益;其中,两类厂商以初始策略概率(0,0),(1,1)对应的期望差值曲线 1,5 为界限,图 7.7-1 中的曲线 4、2、3、1、5 与图 7.7-2

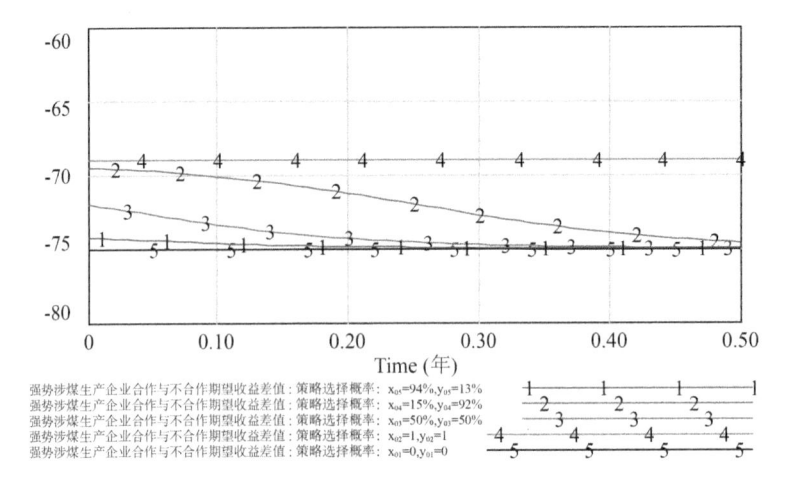

图 7.7-1　$R_{zero}=0$ 时,强势厂商的期望收益差值

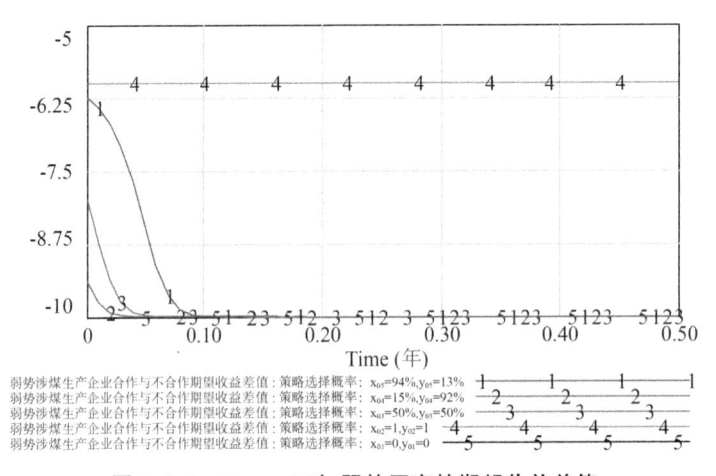

图 7.7-2　$R_{zero}=0$ 时,弱势厂商的期望收益差值

中的曲线 4、1、3、2、5 表明,随着群体中"不合作"初始概率的减小,当期选择"合作"所获收益下滑,"不合作"收益上涨,收益差值的绝对值增大,因此,两类涉煤厂商会选择"不合作";另外,对比两类涉煤厂商期望收益差值下降速率可知,弱势厂商作为"不合作"行为的跟随者,一旦发现存在"不合作"行为将快跟进,与计算实验中弱势厂商的"不合作"行为演化特征相符。

(2) 情景仿真 2:$R_{moderate}=90$ 时,强势与弱势厂商合作与不合作所获得的期望收益的差值变化情况如图 7.8-1 和图 7.8-2 所示。

由图 7.8-1 和图 7.8-2 可知:$R_{moderate}=90$ 时,强势厂商选择"合作"行为

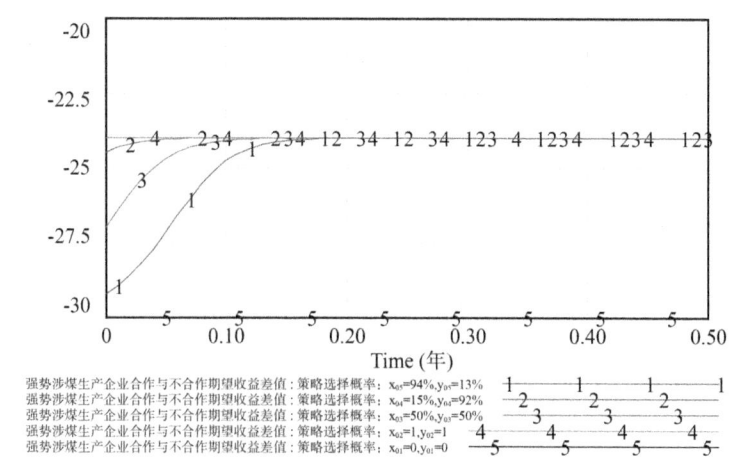

图 7.8-1 $R_{\text{moderate}}=90$ 时，强势厂商的期望收益差值图

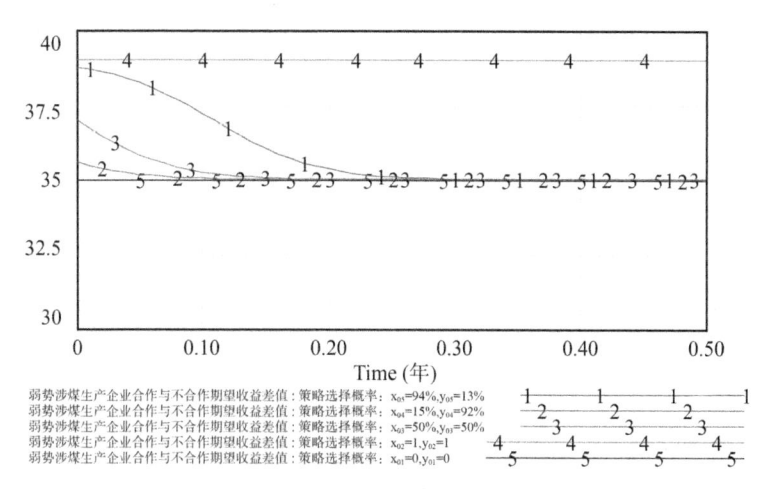

图 7.8-2 $R_{\text{moderate}}=90$ 时，弱势厂商的期望收益差值

的收益小于选择"不合作"行为的收益（期望收益差值＜0），强势厂商更倾向于选择"不合作"策略；同时，弱势涉煤企业选择"合作"行为的收益大于"不合作"行为的收益（期望收益差值＞0），则向收益较大的"合作"策略演化；另外，对比两图中曲线的演化速度可知，强势厂商演化为"不合作"的速率与弱势厂商群体初始选择概率呈正向关系；同时，弱势厂商群体收敛于"合作"行为的速率与强势厂商群体初期的"不合作"概率呈正向关系；可见在适中惩罚规制下，弱势厂商不是"不合作"行为的跟随者，而且"不合作"强势厂商越多，弱势厂商更倾向于选择"合作"。

（3）情景仿真 3：$R_{\text{tough}}=180$ 时，强势与弱势厂商合作与不合作所获得的期望收益的差值变化情况如图 7.9-1 和图 7.9-2 所示。

强势涉煤生产企业合作与不合作期望收益差值：策略选择概率：$x_{05}=94\%,y_{05}=13\%$
强势涉煤生产企业合作与不合作期望收益差值：策略选择概率：$x_{04}=15\%,y_{04}=92\%$
强势涉煤生产企业合作与不合作期望收益差值：策略选择概率：$x_{03}=50\%,y_{03}=50\%$
强势涉煤生产企业合作与不合作期望收益差值：策略选择概率：$x_{02}=1,y_{02}=0$
强势涉煤生产企业合作与不合作期望收益差值：策略选择概率：$x_{01}=0,y_{01}=0$

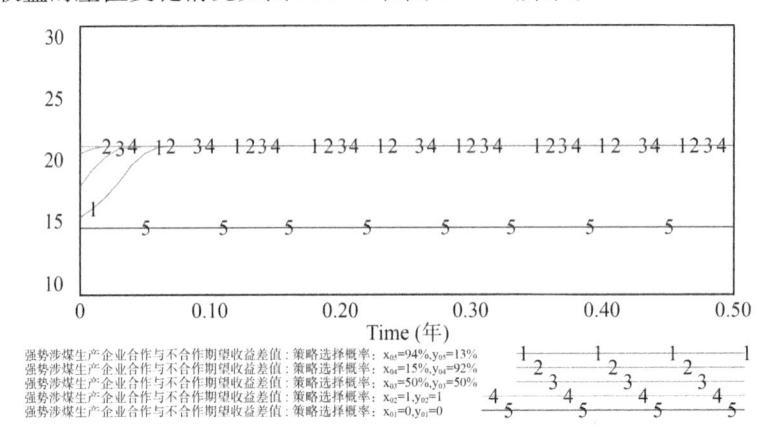

图 7.9-1　$R_{\text{tough}}=180$ 时，强势厂商的期望收益差值

弱势涉煤生产企业合作与不合作期望收益差值：策略选择概率：$x_{05}=94\%,y_{05}=13\%$
弱势涉煤生产企业合作与不合作期望收益差值：策略选择概率：$x_{04}=15\%,y_{04}=92\%$
弱势涉煤生产企业合作与不合作期望收益差值：策略选择概率：$x_{03}=50\%,y_{03}=50\%$
弱势涉煤生产企业合作与不合作期望收益差值：策略选择概率：$x_{02}=1,y_{02}=0$
弱势涉煤生产企业合作与不合作期望收益差值：策略选择概率：$x_{01}=0,y_{01}=0$

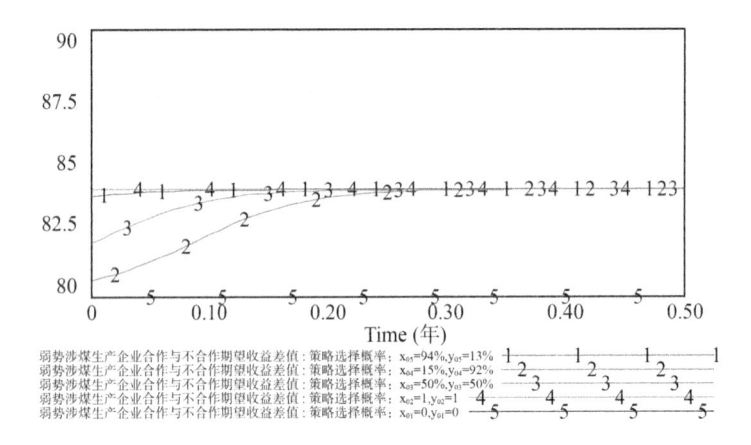

图 7.9-2　$R_{\text{tough}}=180$ 时，弱势厂商的期望收益差值

由图 7.9-1 和图 7.9-2 可知：在强硬惩罚机制下，两类涉煤厂商选择"合作"期望收益大于选择"不合作"的期望收益（其中，两类的期望收益差值均大于 0）；值得注意的是，两类厂商向"合作"行为演化的速率分别与另一类涉煤厂商群体的初始不合作概率呈正向变化，即弱势厂商初始不合作概率越高，强势厂商群体向合作行为策略演化所需时间越短，反之亦然。

7.3 政策建议

涉煤生产企业发展受到水资源制约,总结演化博弈模型与政策文本分析相关结论可知,要实现涉煤生产企业发展与水资源的可持续发展,水资源管理政策需要在管理理念、组织管理、技术标准等方面实现协同或者达到较高程度的协同。

(1) 管理理念的创新与协同

首先,需要在对涉煤生产和水资源关系的重新认识上,进行理念创新。一直以来,涉煤生产对水资源的超额利用、破坏和污染成为共识;另一方面,水资源不足、水灾和水害对涉煤生产规模扩大和安全形成阻碍和威胁。这是从资源开采和保护角度,保守、割裂的资源观,将制约水资源约束下的涉煤生产发展。

涉煤生产是煤炭资源的开发和利用活动,过程中会对生态环境、尤其是水生态环境造成影响。这种影响,在煤炭资源开采技术落后,煤炭资源开采管理理念落后的情况下,是以"破坏"或者"污染"为主。水资源本身是宝贵的自然资源,是满足人类基本生存和社会发展的必要资源。根据第六章的介绍可知,近年来,随着科技进步,涉煤生产的节水和水处理技术已经取得了很大进步。同时,最近有学者提出了煤炭资源和水资源共采的技术构想,且论证了其理论和实践上的可行性。因此,从管理理念上,应该接受并且深化煤炭资源和水资源协同的观念,这是实现和形成涉煤生产与水资源协同发展的基础和关键。

(2) 组织管理的重构与协同

通过第五章对我国水资源的主管部门和相关法律法规梳理,发现法律法规丰富,管理层次较清晰,但是存在多部门管理,同级管理协同水平存在差异。例如,对于地方政府,水资源的管理,主要的负责部门是水利厅,但是对于煤炭开采区域的水资源保护和水生态环境保护,又涉及多个部门。对于水资源生态环境的保护,涉及生态环境厅、自然资源厅。而对于矿井水的管理,除了以上部门,还涉及煤矿安全监察局。因此,在这种多部门交叉管理的现状下,实现"煤炭-水"资源协同,存在着一定的组织管理协调的障碍。

例如,以往对于矿井水利用的管理,多个职能部门均有涉及,包括煤矿安全监察部门、国土资源管理部门、环境保护部门、水利部门等。不同部门从各自行政管理的职能出发,提出的煤矿矿井水管理细则,粗细不同,标准也有出入。如果对组织管理进行重构和协同,在"协同管理办公室"的统一组织和协调下,制定同一标准的矿井水管理规定,既可以兼顾不同职能部门的要求,又便于统一发布、统一实施、协同管理。当然,这里提出的组织管理部门的重构和协同,主要针对我国涉煤生产企业集中的重点区域,例如宁夏、内蒙古、陕西、山西等地。尤其是在当前我国政府机构改革的大背景下,可以考虑进行相关组织机构重组和协同管理。

(3) 技术标准的规范与协同

对于水资源约束下的煤炭资源开采、燃煤发电和煤化工生产,目前有众多的技术标准和行业规范。不过同样存在一个明显的问题,就是无论生产相关的技术标准和规范,还是水资源利用、处理的相关技术标准,大部分是从水资源或者煤炭资源的保护和开发角度制定,缺乏一致性和协同性。

7.4 本章小结

本章节基于非对称演化博弈理论构建异质涉煤生产企业行为模型,以演化稳定策略分析为基础,采用计算实验和仿真,不仅验证了 ESS 演化过程,还发现在行政惩罚和市场手段叠加作用下,涉煤厂商的行为演化趋势由惩罚程度决定,在同一惩罚情景下,弱势厂商处于劣势,其选择"合作"行为的概率高于强势厂商;在一定的惩罚范围内,水权交易产生的额外水成本影响演化速率。最后根据政策文本分析和模型分析的结论,提出了水资源规制设计的建议。

第八章
结论与展望

8.1 主要结论

本书围绕缓解水-煤矛盾,探讨水资源规制对涉煤生产企业响应行为的影响,从而优化水资源规制设计,实现水资源系统可持续发展。本文研究结果总结如下:

(1) 本书通过文本挖掘方法定量分析了近二十年以来中国水资源监管规制主题的演化过程。首先,基于 TF-IDF 提取规制关键词,得出水资源规制具有多主体,规制客体时变性和规制目标的综合性等特征;利用 VSM 聚类基础上,发现重大的自然和社会事件是触发水资源规制主题演化的重要原因,因此将规制划分为五个有意义的阶段;通过 LDA 建模生成中国水资源规制的主题,并结合可视化方法客观准确地揭示 1999 年至 2018 年间中国水资源规制阶段性主题的特征,发现防洪抗旱、农田水利、城乡供水、水资源管理、水利工程建设、水质管理、水资源保护、节水等主题备受关注,主题反映的治理意识、监管重点演变趋势,具有较少公众参与、环境保护逐步占主导等特点。

(2) 利用文本挖掘从已有水资源规制中提取出来的主题,为路径分析提供背景。通过梳理获得 10 条重点水资源规制政策,将 DEMATEL 与 ISM 两种方法结合分析影响各种水资源监管规制之间的关系,发现影响水资源规制的体系比较复杂,具有层次性结构。根据计算得到的中心性,确定系统中各因素的重要性,并据此将各规制分为根本原因层、重要原因层和直接原因层,其中水污染监督作为最强驱动因素,为分析涉煤生产企业的响应行为提供行政约束依据。

(3) 在惩罚规制与水权交易共存的制度环境下,引入异质涉煤生产企业,探究不同惩罚程度下,企业主体响应行为的差异。以非对称演化博弈为基础,形式化规制约束下异质涉煤群体的行为演化过程,结果分析表明:惩罚程度由轻至重,涉煤生产企业的行为选择由"不合作"过渡为"合作",存在3个局部渐近稳定点分别为(0,0)、(1,0)和(1,1),且最终行为演化结果不存在混合策略。当惩罚程度介于两类涉煤生产企业收益间时,规制响应行为出现分化:弱势涉煤生产企业是"不合作"行为的跟随者,是"合作"行为的先行者,强势涉煤生产企业对惩罚的承受能力更强,因此不同惩罚情景导致异质涉煤生产群体收益产生变化,进而驱动两类群体行为的分化。

(4) 水权交易作为调节企业用水量及影响水成本的市场手段将影响涉煤生产企业群体 ESS 收敛速度。采用计算实验验证当惩罚规制和水权交易叠加时,发现不同惩罚程度下异质涉煤生产企业的行为收敛于 ESS,并不改变企业原有的响应行为轨迹。但因水权交易发生的水成本作为内生因素影响两类企业的演化速度,且弱势涉煤生产企业对发生的水成本更敏感,说明收敛速率受水权交易成本影响。因此,为了保持市场活力,规制机构需要通过设计差异化的惩罚,改善弱势涉煤企业所处市场环境。

本书从宏观层面上实现对多重水资源规制梳理和分析,从微观层面对涉煤生产企业的规制响应行为进行研究,并据此提出政策建议,旨在优化水资源约束下的相关产业政策以激励区域涉煤生产设置合理的生产规模并加大节水技术投资,从而实现区域可持续发展。

8.2 研究展望

针对涉煤生产过程的水资源管理是一项复杂的水事行为,涉及范围广泛,今后的研究要点主要包括:

首先,基于文本分析工具,深入发掘水资源政策文本的价值,例如:地方性政策的主题研究、企业政策的语义情感挖掘等;考虑对水资源监管政策和涉煤生产企业的文本数据进行单独的主题提取,以发现其主题的双刃效应;或者提取异质涉煤企业同一时期政策主题的侧重点程度与行为导向性。

其次,在今后的研究中,外部规制可进一步细化,发现多重行政规制对异质涉煤生产企业行为的影响;同时,区域市场中涉煤生产企业之间潜在的串谋值得进一步研究;此外,针对异质涉煤生产企业,设计满足激励相容条件的差异化惩罚机制。

最后,引入阶梯水权定价机制、优化对异质涉煤生产企业的水资源确权方案;另外,进一步结合富煤区域现实规制的实施效果,开展涉煤生产企业"水友好"行为的实证研究。

附录Ⅰ 基于 TF-IDF 值的关键字排序

表 1 1999—2004 年

1999 年		2000 年		2001 年		2002 年		2003 年		2004 年	
Keywords	TF-IDF	Keywords	TF-IDF	Keywords	TF-IDF	Keywords	TF-IDF	Keywords	TF-IDF	Keywords	TF-IDF
主管部门	0.30103753	主管部门	0.292147797	主管部门	0.30894973	主管部门	0.315760551	主管部门	0.31844856	主管部门	0.319001023
规定	0.278699056	规定	0.288646026	规定	0.292163915	规定	0.28100973	规定	0.281323728	行政	0.27961818
单位	0.268061687	单位	0.26163236	行政	0.266758357	行政	0.278864617	行政	0.277198746	规定	0.276467553
行政	0.257424319	行政	0.24712502	人民政府	0.251787225	人民政府	0.257842515	人民政府	0.250798866	人民政府	0.250081049
人民政府	0.214874845	人民政府	0.24212249	单位	0.245889506	单位	0.241539661	单位	0.243786398	单位	0.242598309
建设	0.212747371	建设	0.214108317	建设	0.195532061	建设	0.191773052	建设	0.185211662	建设	0.180767246
城市	0.202110002	城市	0.193097688	城市	0.17511688	管理	0.166460725	管理	0.164174258	管理	0.175547477
管理	0.18243087	管理	0.166584275	管理	0.166043467	城市	0.163457568	城市	0.160049276	城市	0.153593085
工程	0.156369318	工程	0.143572633	工程	0.132471837	工程	0.133855016	工程	0.136536883	工程	0.134689321
河道	0.126584686	供水	0.116558967	供水	0.1206764	批准	0.120984342	供水	0.126224429	供水	0.120511498
供水	0.123925344	批准	0.115058208	批准	0.107066279	规划	0.111545847	批准	0.116324474	批准	0.115391728
批准	0.115415449	质量	0.107554412	国务院	0.106158938	国务院	0.109829757	国务院	0.108899508	规划	0.114604071
质量	0.114351712	国务院	0.107054159	供水	0.104799264	供水	0.102965397	规划	0.107249515	河道	0.113028758
设施	0.107969291	部门	0.106053652	河道	0.100261219	河道	0.100820285	部门	0.098587054	国务院	0.107908988
部门	0.106373685	设施	0.102551881	规划	0.098900207	部门	0.09996224	河道	0.096937062	部门	0.095306478
水土保持	0.105309949	水土保持	0.099550362	质量	0.097085524	质量	0.094384947	质量	0.096524563	建设项目	0.092549679
防汛	0.103182475	国家	0.09754935	部门	0.093456159	国家	0.093326902	水利工程	0.093224578	质量	0.092155851
国务院	0.092545106	防汛	0.094047579	设施	0.093002488	建设项目	0.09138179	国家	0.09281208	县级	0.090974366

续表

1999年 Keywords	1999年 TF-IDF	2000年 Keywords	2000年 TF-IDF	2001年 Keywords	2001年 TF-IDF	2002年 Keywords	2002年 TF-IDF	2003年 Keywords	2003年 TF-IDF	2004年 Keywords	2004年 TF-IDF
规划	0.092545106	规划	0.093047072	水土保持	0.090734135	设施	0.088337832	组织	0.091987084	国家	0.089399052
取水	0.092013238	组织	0.087044036	组织	0.086651099	县级	0.087520588	建设项目	0.087862103	水利工程	0.089399052
国家	0.088290159	取水	0.086543782	防汛	0.085743758	组织	0.087520588	设施	0.08621211	组织	0.089399052
监督	0.086694554	监督	0.084042517	监督	0.083021733	取水	0.087091565	县级	0.085387114	流域	0.08861139
安全	0.085630817	河道	0.083542264	县级	0.08075338	水土保持	0.087091565	监督	0.084974616	设施	0.08585459
大坝	0.079780264	县级	0.07803948	地方	0.080299709	监督	0.084946453	取水	0.083737121	地方	0.085066939
申请	0.079780264	安全	0.077038974	水利工程	0.079846039	流域	0.08451743	水土保持	0.083737121	取水	0.084673111
组织	0.079248396	申请	0.076038468	取水	0.078485027	地方	0.082372318	流域	0.082499627	监督	0.083097797
水利工程	0.078184659	大坝	0.075037962	安全	0.075309332	防汛	0.077224048	地方	0.07961214	水土保持	0.07994717
行政处罚	0.074993448	水利工程	0.075037962	采砂	0.075309332	水利工程	0.075507958	安全	0.074662162	申请	0.073645915
制定	0.072865975	制定	0.074037456	申请	0.072133637	安全	0.073362845	防汛	0.074662162	安全	0.073252087
决定	0.072334106	行政处罚	0.073537202	行政处罚	0.071226296	采砂	0.072933823	直辖市	0.072187174	防汛	0.072070601
县级	0.071802238	地方	0.073036949	制定	0.070772625	直辖市	0.0725048	申请	0.071362177	负责	0.070101459
流域	0.069674764	资料	0.072536696	负责	0.070318955	申请	0.070359688	采砂	0.070124683	直辖市	0.069313803
设计	0.069142896	决定	0.07153619	直辖市	0.069865284	负责	0.068643598	制定	0.069299687	制定	0.067738489
防洪	0.066483553	流域	0.07153619	建设项目	0.069411613	制定	0.068214576	负责	0.069299687	采砂	0.067738489
负责	0.066483553	负责	0.069034925	决定	0.068957943	行政处罚	0.067356531	用水	0.067237196	办法	0.06695083
地方	0.065951685	移民	0.068534672	大坝	0.068050601	罚款	0.066498486	标准	0.0664122	范围	0.06498169

附录

137

续表

1999年 Keywords	TF-IDF	2000年 Keywords	TF-IDF	2001年 Keywords	TF-IDF	2002年 Keywords	TF-IDF	2003年 Keywords	TF-IDF	2004年 Keywords	TF-IDF
稽察	0.065951685	方案	0.0650329	流域	0.067596931	资料	0.065640441	资料	0.065587203	标准	0.064587861
建设项目	0.065419817	罚款	0.064032394	资料	0.067596931	大坝	0.064353373	行政处罚	0.065174705	用水	0.064587861
方案	0.063824211	标准	0.063532141	标准	0.06714326	方案	0.063066306	罚款	0.063937211	资料	0.063012548
范围	0.062228606	建设项目	0.062531635	罚款	0.066235919	标准	0.063066306	大坝	0.063524713	行政处罚	0.062618719
机关	0.061164869	设计	0.062531635	长江	0.064879829	决定	0.061779238	办法	0.062287218	要求	0.062224891
自治区	0.061164869	稽察	0.062031382	移民	0.062600653	长江	0.06135487	方案	0.061049724	罚款	0.061043406
当事人	0.060101132	防洪	0.061531129	方案	0.062152882	要求	0.061350216	自治区	0.060224728	大坝	0.060649577
水利部	0.060101132	自治区	0.060030369	项目	0.062152882	项目	0.061350216	决定	0.059939731	方案	0.059074264
机构	0.059569264	机关	0.059029863	设计	0.061699212	移民	0.060492171	要求	0.059939731	决定	0.058286607
直辖市	0.059569264	直辖市	0.05852961	要求	0.058977188	自治区	0.060063148	长江	0.058991709	自治区	0.057892778
标准	0.058505527	措施	0.058029357	防洪	0.058977188	用水	0.057918036	项目	0.058987233	使用	0.05749895
个人	0.057973659	水利部	0.057028851	机构	0.057616176	设计	0.057918036	移民	0.058574735	水资源	0.05749895
用水	0.057973659	个人	0.056528598	个人	0.057162505	水资源	0.057489013	设计	0.058162237	防洪	0.05749895
保护	0.05744179	处理	0.056528598	自治区	0.056708834	个人	0.056630968	个人	0.056924743	长江	0.056321737

表 2 2005—2009 年

2005		2006		2007		2008		2009	
Keywords	TF-IDF	Keywords	TF-IDF	Keywords	TF-IDF	Keywords	TF-IDF	Keywords	TF-IDF
主管部门	0.309101367	主管部门	0.312653196	主管部门	0.315191209	主管部门	0.32720169	主管部门	0.326536794
行政	0.279886419	行政	0.282417188	行政	0.286087109	行政	0.285317625	行政	0.283807423
规定	0.274836922	规定	0.267620843	规定	0.263794607	规定	0.259456323	规定	0.256112461
人民政府	0.236965692	单位	0.251859519	单位	0.248313703	单位	0.25102329	人民政府	0.253211084
单位	0.234801622	人民政府	0.228378364	人民政府	0.230046236	人民政府	0.236406032	单位	0.248727138
建设	0.179978509	建设	0.18398933	建设	0.183603523	建设	0.171752777	建设	0.168279866
管理	0.164108661	管理	0.160829834	管理	0.159143695	管理	0.154324508	管理	0.15693812
行政许可	0.142682844	行政许可	0.148741668	行政许可	0.143173406	取水	0.151513497	取水	0.147178943
城市	0.140664566	城市	0.130272165	城市	0.125395324	批准	0.130737972	批准	0.123176642
工程	0.13309032	工程	0.124160631	工程	0.121679907	行政许可	0.123403386	行政许可	0.122673474
安全	0.115056402	批准	0.113867522	批准	0.1195158	工程	0.118343567	工程	0.118692696
供水	0.111088939	安全	0.111294245	国务院	0.108366329	城市	0.112440443	流域	0.113153703
批准	0.110728261	取水	0.108077648	安全	0.107437475	流域	0.105694017	城市	0.10576838
规划	0.104957407	国务院	0.10582603	取水	0.104341294	安全	0.102320803	县级	0.101811957
国务院	0.103514694	实施	0.103252753	实施	0.104031676	国务院	0.1014775	实施	0.101548195
河道	0.103514694	供水	0.101001135	规划	0.100935495	实施	0.098385388	规划	0.09891058
水利工程	0.099547231	水利工程	0.100679476	供水	0.097529696	规划	0.096136579	安全	0.09732801
实施	0.096301126	规划	0.098106198	流域	0.097220078	申请	0.09557437	国务院	0.096272964
组织	0.094858413	河道	0.093924623	水利工程	0.0691046	县级	0.09388777	组织	0.091261495

附录

续表

2005 Keywords	2005 TF-IDF	2006 Keywords	2006 TF-IDF	2007 Keywords	2007 TF-IDF	2008 Keywords	2008 TF-IDF	2009 Keywords	2009 TF-IDF
流域	0.090530272	申请	0.093924623	组织	0.092266189	水利工程	0.092763366	申请	0.089678926
部门	0.089448237	组织	0.093602963	河道	0.091646953	供水	0.08967 1253	水利工程	0.089415164
申请	0.08872 6688	流域	0.088134749	申请	0.09040848	河道	0.08826 5748	供水	0.08756 8833
建设项目	0.08836 6202	部门	0.087813089	部门	0.08638 3445	组织	0.08826 5748	部门	0.08519 4979
监督	0.087284167	监理	0.084918152	国家	0.084835355	机关	0.087141344	河道	0.08493 1218
县级	0.08620 2132	县级	0.084274833	县级	0.08390 6501	国家	0.08292 4827	水量	0.08334 8649
国家	0.084759418	机关	0.084274833	机关	0.08359 6882	质量	0.08123822	地方	0.08308 4887
机关	0.084759418	监督	0.083953173	监理	0.081739174	建设项目	0.080957119	国家	0.08282 1125
质量	0.081873991	建设项目	0.078484959	监督	0.08142 9556	部门	0.080957119	机关	0.08255 7364
生产	0.080791956	国家	0.078484959	建设项目	0.08111 9938	设施	0.079832715	设施	0.080711033
地方	0.080431278	质量	0.078163299	资料	0.079571847	地方	0.079551614	调度	0.07991 9748
设施	0.07754 5851	听证	0.07688 7666	设施	0.078023757	监督	0.07758 3906	监督	0.077545895
水土保持	0.076463815	设施	0.07623 3341	质量	0.0758 5643	管理机构	0.07758 3906	建设项目	0.07622 7087
取水	0.06997 1605	地方	0.07623 3341	听证	0.075237194	监理	0.07449 1794	质量	0.07622 7087
制定	0.06961 0926	生产	0.074946702	生产	0.07430834	资料	0.07336 7389	方案	0.075963325
负责	0.06961 0926	资料	0.06980 0148	地方	0.07399 8722	方案	0.07280 5187	管理机构	0.07464 4518
防汛	0.06961 0926	水土保持	0.06980 0148	方案	0.06997 3687	直辖市	0.07111858	负责	0.07174 3141
		负责	0.06980 0148	负责	0.068425596	生产	0.069713075	资料	0.07042 4333

续表

2005		2006		2007		2008		2009	
Keywords	TF-IDF	Keywords	TF-IDF	Keywords	TF-IDF	Keywords	TF-IDF	Keywords	TF-IDF
资料	0.06888957	决定	0.069156828	水文	0.06780636	负责	0.069431974	监理	0.06989681
办法	0.066364821	方案	0.066261891	决定	0.067187124	听证	0.068307569	生产	0.067522956
直辖市	0.066364821	制定	0.065296912	水土保持	0.067187124	水量	0.062966648	直辖市	0.067522956
方案	0.063840072	办法	0.064010274	直辖市	0.067187124	自治区	0.062966648	防汛	0.066731671
要求	0.063840072	要求	0.064010274	管理机构	0.065948652	要求	0.062404446	办法	0.064357817
标准	0.063479394	防汛	0.063366954	制定	0.065639034	决定	0.061842244	听证	0.064094056
范围	0.062758037	管理机构	0.062080316	用水	0.064090943	办法	0.061842244	用水	0.064094056
采砂	0.062203668	标准	0.060793677	办法	0.063162089	水土保持	0.061561143	范围	0.063039009
审查	0.061315324	直辖市	0.060793677	要求	0.062852471	水文	0.061280042	要求	0.062775248
管理机构	0.060954645	用水	0.060472017	防汛	0.061923617	用水	0.060998 94	自治区	0.061983963
罚款	0.060233289	范围	0.060150358	范围	0.059446672	制定	0.060998 94	水文	0.060665156
用水	0.059151253	审查	0.058863719	标准	0.059137054	水资源	0.058750132	水资源	0.059610109
行政处罚	0.05770854	防洪	0.056612101	自治区	0.059137054	防汛		决定	

表 3　2010—2014 年

2010		2011		2012		2013		2014	
Keywords	TF-IDF	Keywords	TF-IDF	Keywords	TF-IDF	Keywords	TF-IDF	Keywords	TF-IDF
主管部门	0.330593625	主管部门	0.325984279	主管部门	0.325984279	主管部门	0.315003833	主管部门	0.309120763
行政	0.290513934	行政	0.285777947	行政	0.285777947	人民政府	0.279745672	人民政府	0.285892035
人民政府	0.262943192	人民政府	0.274943905	人民政府	0.274943905	行政	0.27649821	行政	0.265343545
规定	0.254263514	规定	0.249664474	规定	0.249664474	规定	0.251910282	规定	0.246805233
单位	0.243030989	单位	0.234256059	单位	0.234256059	单位	0.227554315	单位	0.227150156
建设	0.169509009	管理	0.161306844	管理	0.161306844	管理	0.158197801	管理	0.162601095
管理	0.155978923	建设	0.160825331	建设	0.160825331	建设	0.156110147	建设	0.155453794
取水	0.142448836	取水	0.130008501	取水	0.130008501	批准	0.127810834	工程	0.149423259
批准	0.123557772	批准	0.127841693	批准	0.127841693	取水	0.125259256	批准	0.124184353
行政许可	0.119072117	工程	0.115563112	工程	0.115563112	工程	0.116212754	取水	0.121057409
工程	0.114622809	流域	0.112433278	流域	0.112433278	规划	0.113197254	县级	0.11480352
流域	0.110027685	行政许可	0.112295761	行政许可	0.112295761	县级	0.112733331	国务院	0.114133461
国务院	0.105432561	国务院	0.111470252	国务院	0.111470252	国务院	0.111109599	规划	0.112123283
县级	0.104666708	县级	0.111229496	县级	0.111229496	行政许可	0.108503577	流域	0.105869394
城市	0.101603292	河道	0.109784957	河道	0.109784957	流域	0.10832606	行政许可	0.105372366
实施	0.09875916	规划	0.103525288	规划	0.103525288	河道	0.105774483	河道	0.104752629
规划	0.098284591	实施	0.097506376	实施	0.097506376	实施	0.097423866	安全	0.096935268
安全	0.095221175	安全	0.09654335	安全	0.09654335	安全	0.09417640 4	实施	0.095595149
水利工程	0.092413044	地方	0.091246707	地方	0.091246707	地方	0.093248557	地方	0.094701737

续表

2010		2011		2012		2013		2014	
Keywords	TF-IDF	Keywords	TF-IDF	Keywords	TF-IDF	Keywords	TF-IDF	Keywords	TF-IDF
组织	0.088583774	组织	0.090042925	组织	0.090042925	移民	0.092252673	部门	0.093584971
申请	0.08832849	国家	0.088116873	国家	0.088115873	部门	0.091856788	组织	0.092244852
部门	0.086541497	水利工程	0.087153847	水利工程	0.087153847	组织	0.088609326	国家	0.089564614
地方	0.085265074	部门	0.086431578	部门	0.086431578	国家	0.086985595	移民	0.089117908
供水	0.08475405	供水	0.086190821	供水	0.086190821	管理机构	0.08057748	设施	0.08671202
河道	0.082712227	设施	0.085227795	设施	0.085227795	水利工程	0.083970094	供水	0.083980785
国家	0.081180519	管理机构	0.084505526	管理机构	0.084505526	供水	0.083274209	管理机构	0.083980785
机关	0.081180519	水文	0.082097961	水文	0.082097961	设施	0.083274209	水利工程	0.080853841
水量	0.08066995	申请	0.080653422	申请	0.080653422	水文	0.079098901	调度	0.080853841
设施	0.077861819	调度	0.078245857	调度	0.078245857	申请	0.079098901	水量	0.078843663
调度	0.077861819	城市	0.077282831	城市	0.077282831	监督	0.078171054	水文	0.076386778
监督	0.0768408	机关	0.076079049	机关	0.076079049	调度	0.07707131	申请	0.07594072
方案	0.076585396	方案	0.074875267	方案	0.074875267	城市	0.075619477	监督	0.07527012
建设项目	0.075053688	水量	0.073912241	水量	0.073912241	机关	0.075387515	负责	0.075046659
管理机构	0.075053688	监督	0.071745432	监督	0.071745432	方案	0.075155554	方案	0.074599953
质量	0.07352198	负责	0.07054165	负责	0.07054165	负责	0.074227707	机关	0.07325934
负责	0.073011411	建设项目		建设项目		水量	0.07329861	城市	0.07281328
生产	0.069947995	直辖市		直辖市		招标	0.071908091	直辖市	0.07057956

续表

2010		2011		2012		2013		2014	
Keywords	TF-IDF	Keywords	TF-IDF	Keywords	TF-IDF	Keywords	TF-IDF	Keywords	TF-IDF
直辖市	0.06969271	防汛	0.06981938	防汛	0.06981938	建设项目	0.07074284	建设项目	0.07013289
监理	0.067650433	生产	0.069337867	生产	0.069337867	直辖市	0.070052399	招标	0.069239477
防汛	0.064842302	质量	0.069337867	质量	0.069337867	投标	0.068132287	范围	0.068346065
自治区	0.063821163	范围	0.066689546	范围	0.066689546	生产	0.067500821	依法	0.066782593
办法	0.063055309	要求	0.065004251	要求	0.065004251	质量	0.0672686886	生产	0.066112533
范围	0.06254474	自治区	0.064763494	自治区	0.064763494	防汛	0.0672686886	要求	0.065665827
要求	0.06254474	监理	0.064281981	监理	0.064281981	要求	0.066804937	投标	0.065603798
用水	0.062289455	水资源	0.062355929	水资源	0.062355929	范围	0.066109052	质量	0.064995767
听证	0.062034171	办法	0.06163366	办法	0.06163366	办法	0.065413167	防汛	0.064995767
决定	0.061523601	用水	0.060429878	用水	0.060429878	自治区	0.064485321	办法	0.062762236
水文	0.060757747	决定	0.060189121	决定	0.060189121	依法	0.062629628	自治区	0.0164547
水资源	0.059736609	制定	0.058985339	制定	0.058985339	监理	0.061933743	用水	0.061198764
制定	0.059226039	听证	0.058503826	听证	0.058503826	水库	0.060078051	监理	0.059635292

表 4 2015—2018 年

2015		2016		2017		2018	
Keywords	TF-IDF	Keywords	TF-IDF	Keywords	TF-IDF	Keywords	TF-IDF
主管部门	0.304661008	主管部门	0.30032376	主管部门	0.2874405	主管部门	0.291847848
人民政府	0.283983654	人民政府	0.28521313	人民政府	0.28000843	人民政府	0.283480182
行政	0.265286047	行政	0.26506563	行政	0.25731047	行政	0.257764917
规定	0.247248356	规定	0.24218981	规定	0.24003592	规定	0.240417318
单位	0.224151312	单位	0.22036335	单位	0.22396657	单位	0.227151507
管理	0.161019392	建设	0.17314263	建设	0.17113858	建设	0.172659636
建设	0.156619955	管理	0.15614317	管理	0.15928743	管理	0.160006093
工程	0.147381137	工程	0.15110629	工程	0.14683369	工程	0.148781175
批准	0.122524319	取水	0.12088504	取水	0.12694787	取水	0.128984503
取水	0.119444713	县级	0.11962582	部门	0.11790886	县级	0.119392301
县级	0.115265248	批准	0.11878634	县级	0.11710539	批准	0.11633096
国务院	0.113285501	批准	0.11290998	批准	0.11449412	国务院	0.114902334
规划	0.111745698	国务院	0.1120705	国务院	0.11409239	部门	0.112045083
流域	0.104266655	部门	0.1072435	规划	0.10947245	规划	0.111228725
行政许可	0.103777152	流域	0.10556454	流域	0.10907072	流域	0.110820546
河道	0.102946824	行政许可	0.09901129	公共资源	0.10091655	地方	0.100003808
实施	0.10074716	实施	0.0988487	地方	0.0988265	实施	0.098779272
部门	0.099207303	组织	0.09779935	实施	0.09802304	组织	0.097962914
安全	0.09656761	地方	0.09758948	组织	0.09661697	行政许可	0.096556977

续表

Keywords	2015 TF-IDF	Keywords	2016 TF-IDF	Keywords	2017 TF-IDF	Keywords	2018 TF-IDF
地方	0.093708007	河道	0.09716974	行政许可	0.09503236	安全	0.094901573
组织	0.09172826	安全	0.09507104	安全	0.09380483	河道	0.094697483
国家	0.090188457	国家	0.09003417	河道	0.09320223	国家	0.088595248
设施	0.088208711	设施	0.08751573	国家	0.08958663	设施	0.088166622
移民	0.087768767	移民	0.08394794	设施	0.08677449	管理机构	0.08204394
特许	0.084097056	水利工程	0.08289859	交易	0.08262217	移民	0.081635762
供水	0.082709414	特许	0.08023498	管理机构	0.08074849	供水	0.081227583
管理机构	0.082489442	管理机构	0.0793308	移民	0.08034675	水利工程	0.081023493
水利工程	0.079629808	供水	0.0787012	供水	0.07994502	特许	0.078025067
调度	0.079629808	调度	0.0766025	水利工程	0.07974415	负责	0.076941705
水量	0.077650062	负责	0.07639263	特许	0.07677307	机关	0.076125348
水文	0.075230372	监督	0.07513341	负责	0.07653028	监督	0.075513079
负责	0.0750104	水量	0.07366432	监督	0.07532508	水量	0.074900811
申请	0.074790428	申请	0.07198536	机关	0.07492335	调度	0.074492632
监督	0.074570456	依法	0.07177549	依法	0.07391901	方案	0.071635381
方案	0.07391054	水文	0.07114588	水量	0.07371814	依法	0.071227202
机关	0.072590709	方案	0.07093601	调度	0.07331641	项目	0.071023113
城市	0.071710822	建设项目	0.07072614	项目	0.07191034	水资源	0.069798576

续表

2015		2016		2017		2018	
Keywords	TF-IDF	Keywords	TF-IDF	Keywords	TF-IDF	Keywords	TF-IDF
直辖市	0.069511104	机关	0.07072614	方案	0.07070514	直辖市	0.069390397
依法	0.068851188	招标	0.0703064	招标	0.06929907	水文	0.069186308
招标	0.068851188	城市	0.06841757	水资源	0.06869647	招标	0.068778129
建设项目	0.068191272	直辖市	0.06757809	直辖市	0.06829474	申请	0.068778129
范围	0.067751329	要求	0.06589913	水文	0.06809387	建设项目	0.06836995
要求	0.06665147	办法	0.06526952	建设项目	0.06769214	要求	0.067349503
生产	0.065331638	质量	0.06505965	申请	0.06769214	城市	0.06490043
质量	0.064891695	生产	0.06463992	要求	0.06708954	生产	0.064084073
投标	0.064610633	范围	0.06443005	城市	0.06387567	质量	0.063675894
办法	0.064011807	投标	0.06418307	投标	0.0634848	用水	0.063267715
防汛	0.064011807	用水	0.06191161	办法	0.0630722	范围	0.063267715
自治区	0.06071223	机构	0.06170174	生产	0.0630722	投标	0.062864306
用水	0.060272286	防汛	0.06086226	质量	0.06267047	办法	0.06251358

附录Ⅱ 主题可视化图

阶段 1：

主题 2

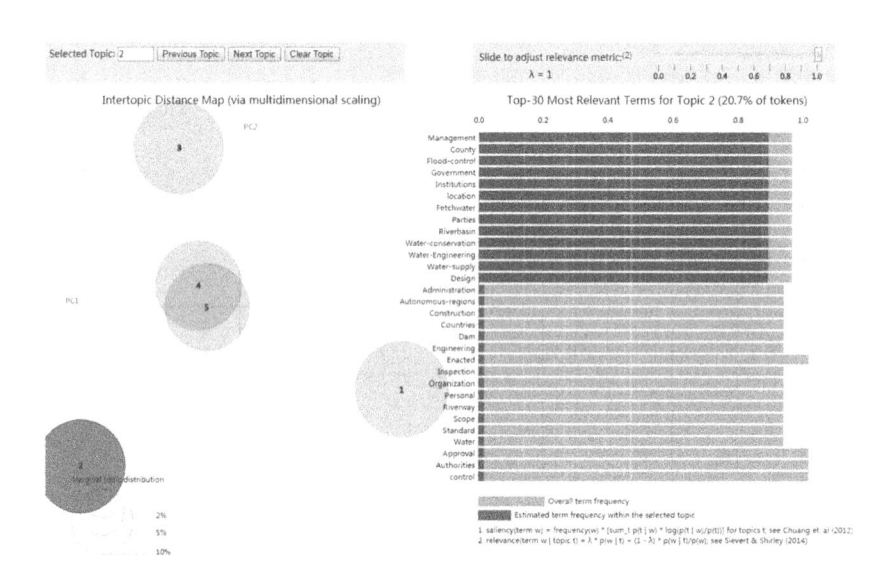

主题 3

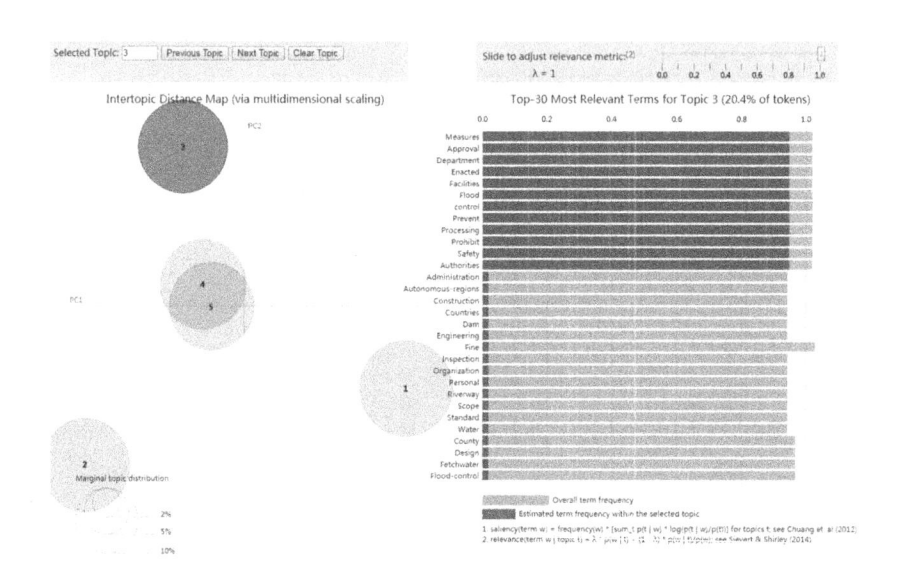

主题 4

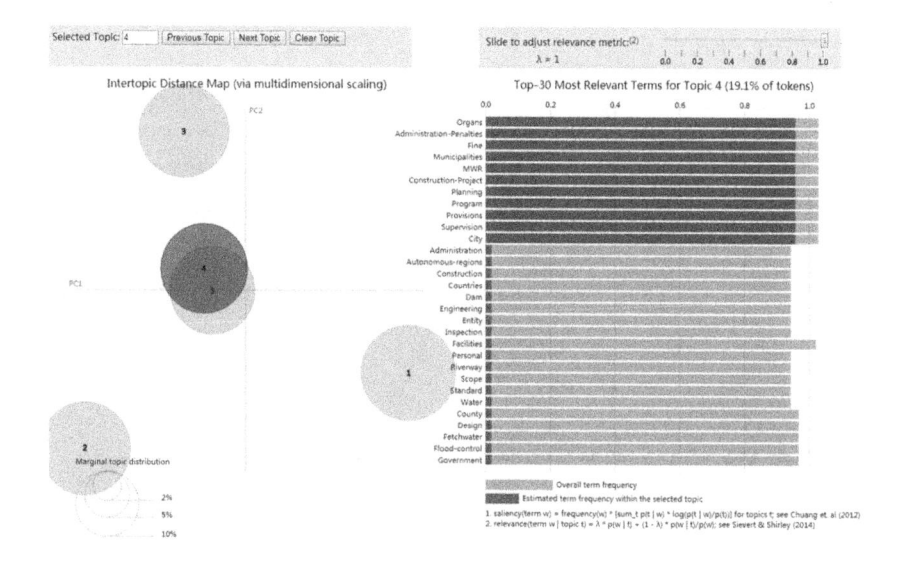

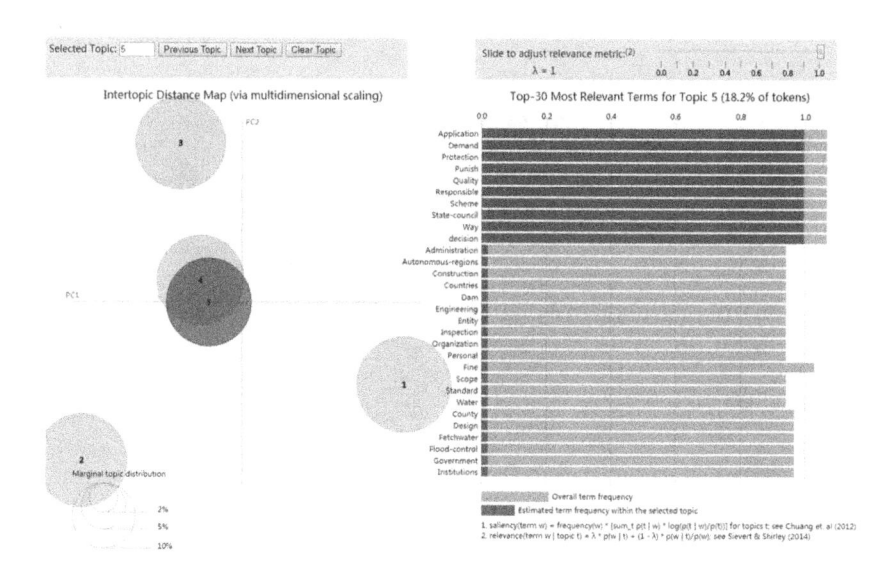

主题 5

阶段2：
主题2

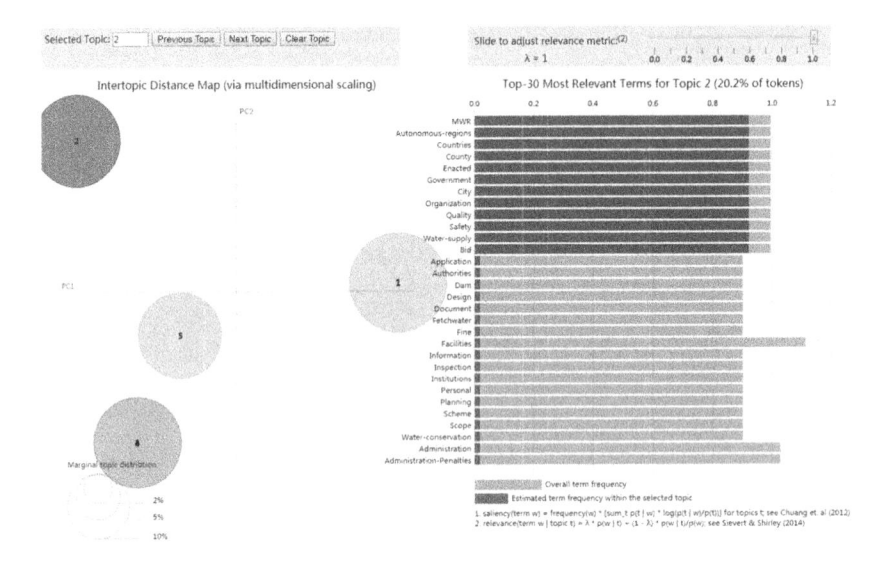

主题3

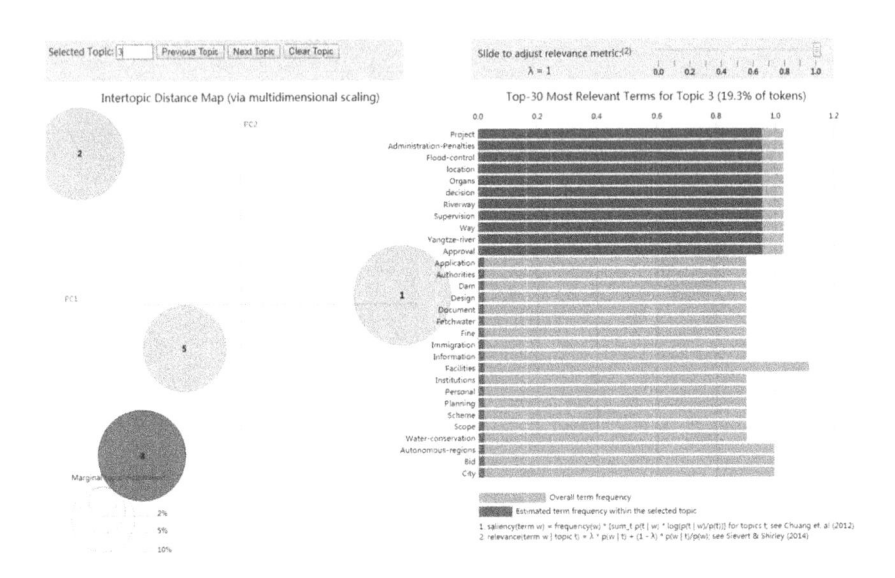

主题 4

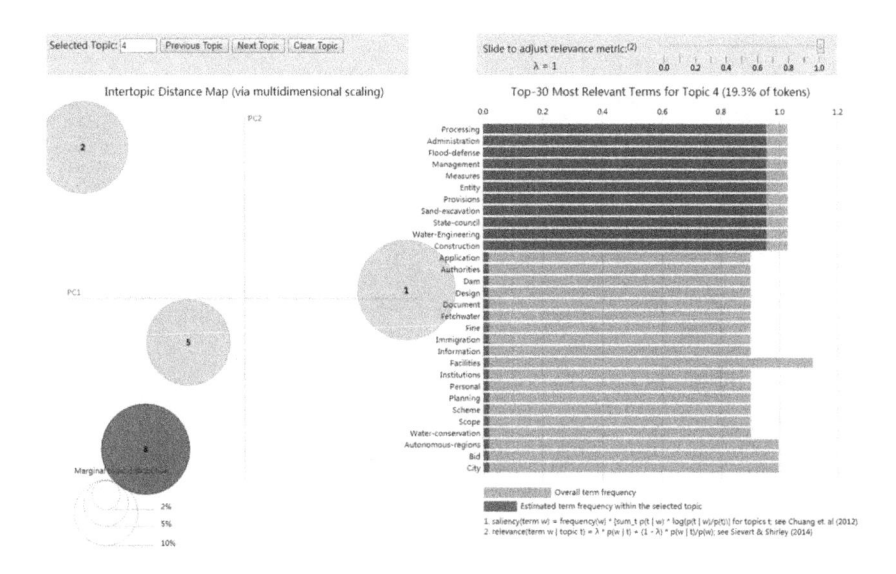

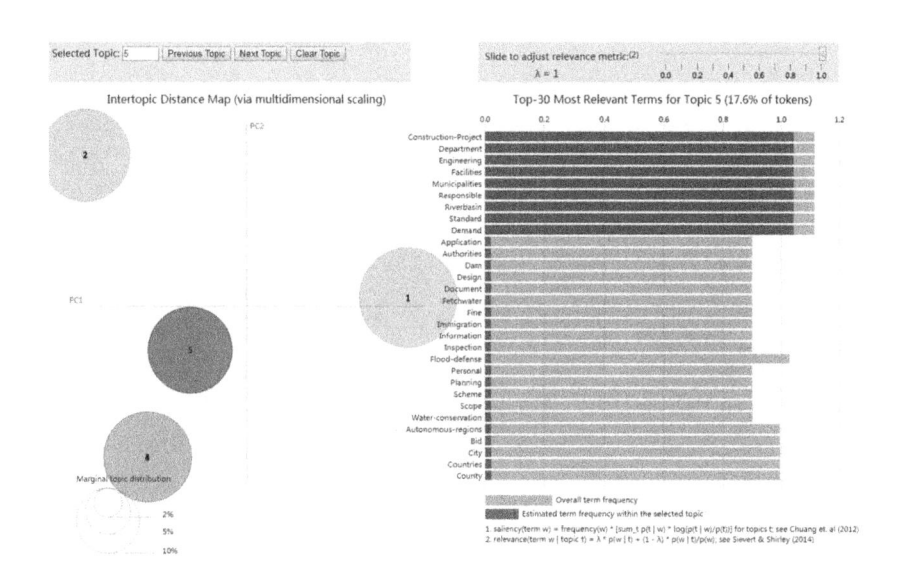

主题 5

阶段 3：

主题 2

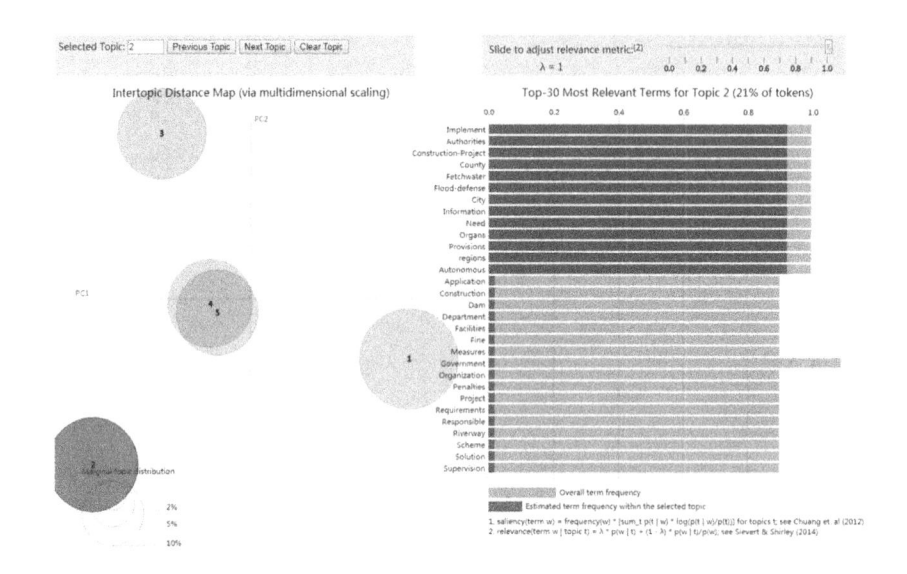

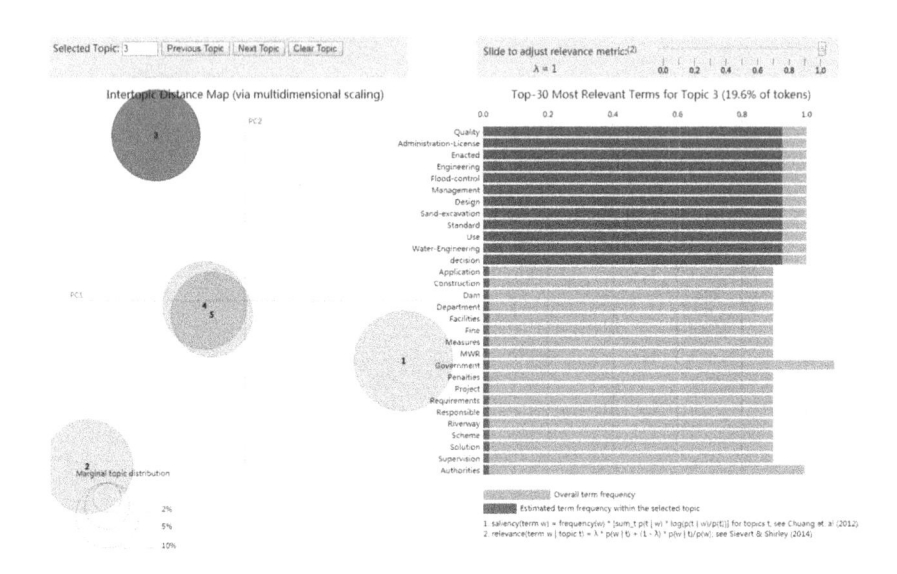

主题 3

主题 4

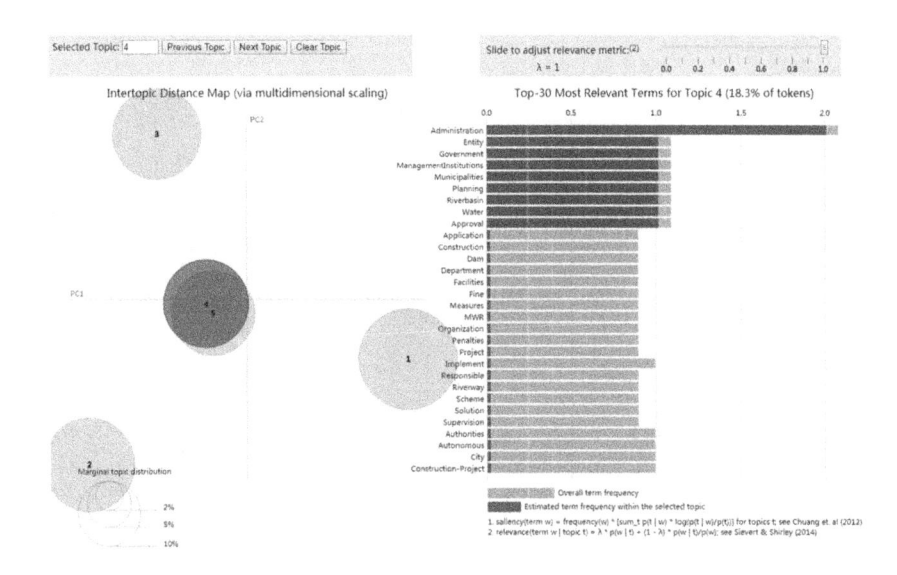

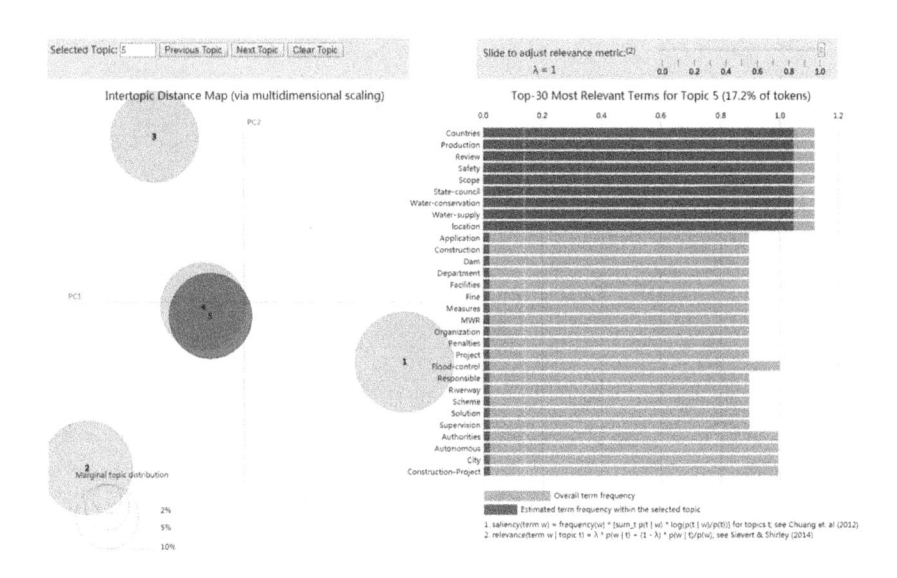

主题 5

附录

153

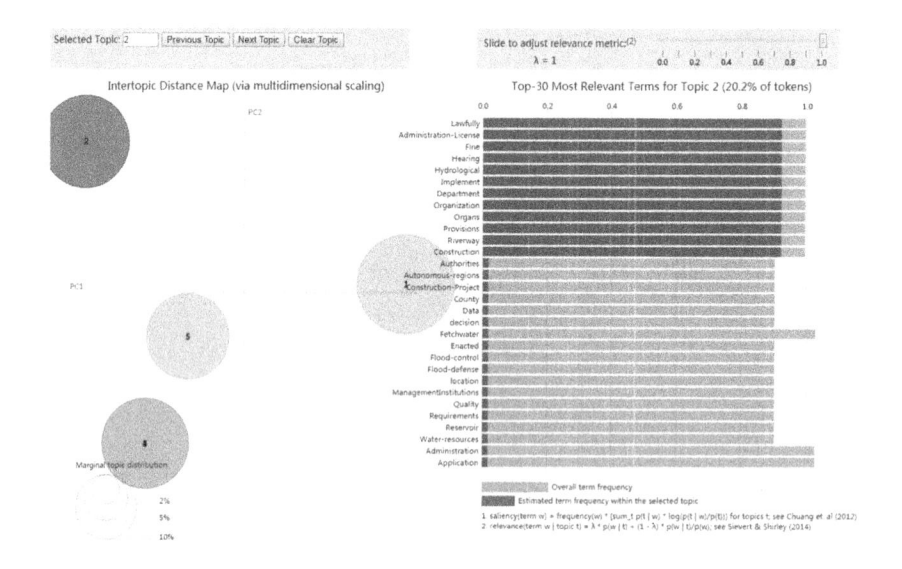

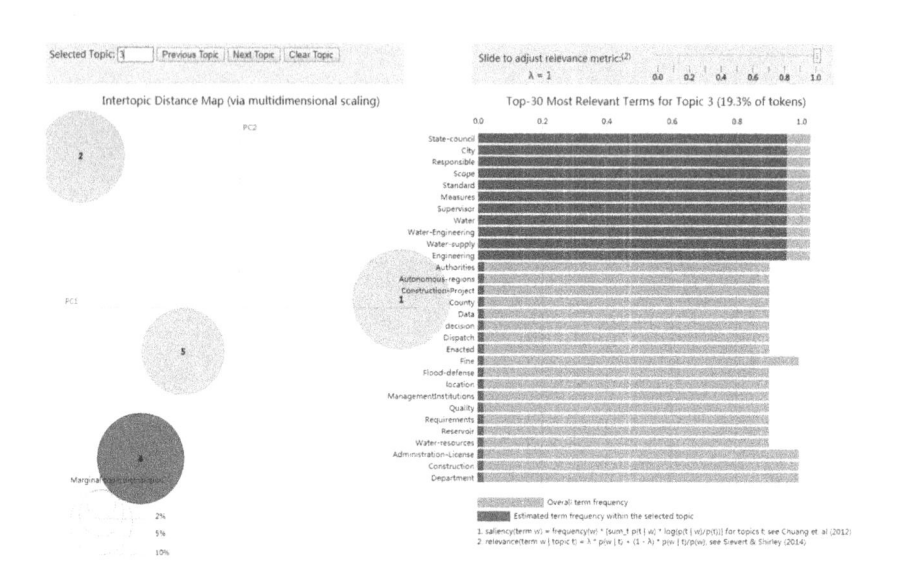

阶段4：
主题2

主题3

主题 4

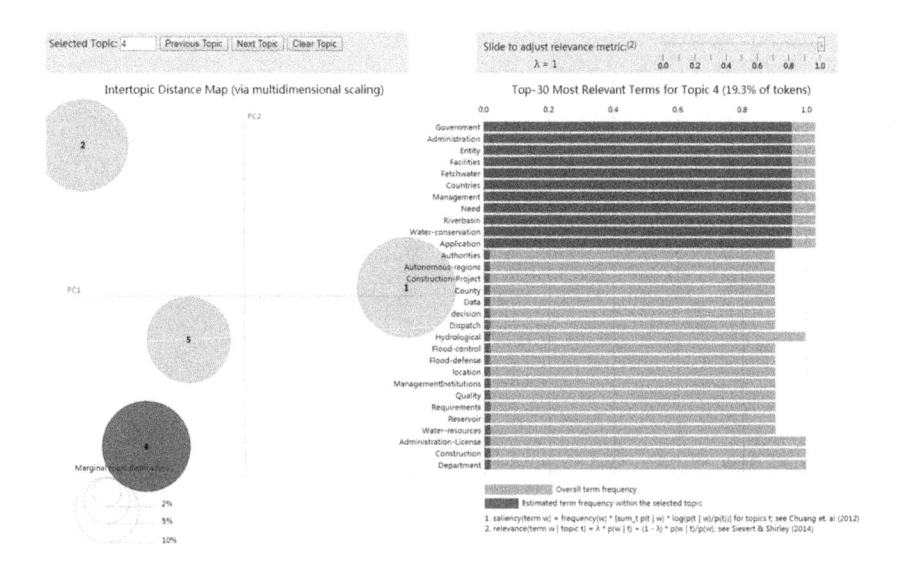

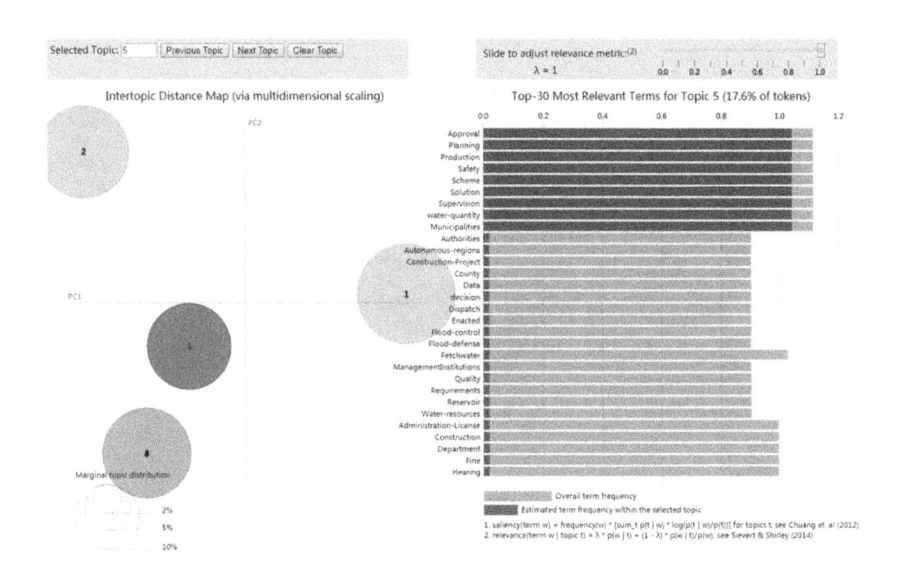

主题 5

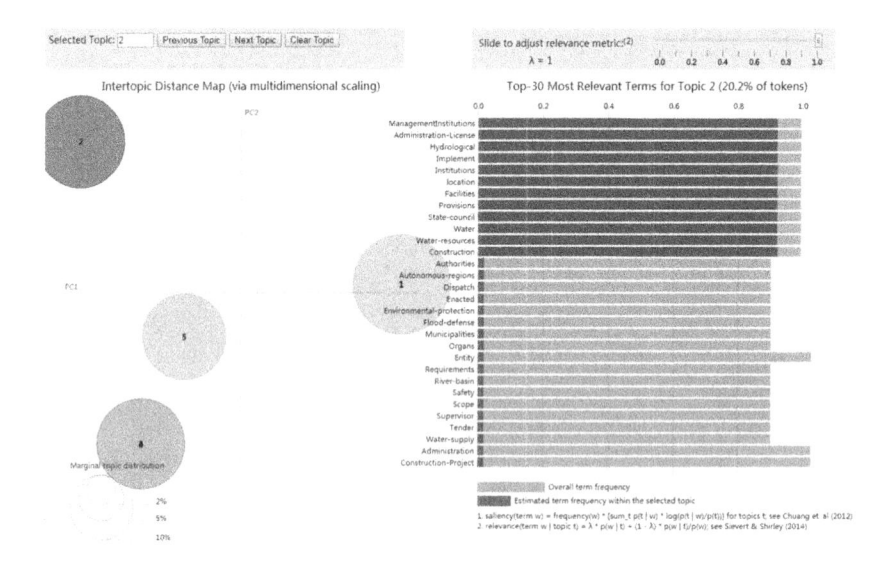

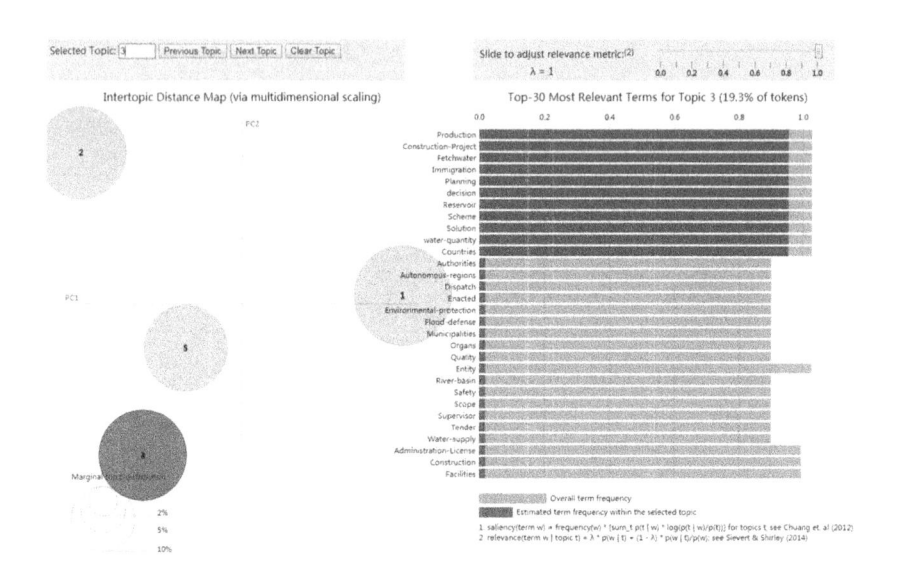

阶段 5：
主题 2

主题 3

主题 4

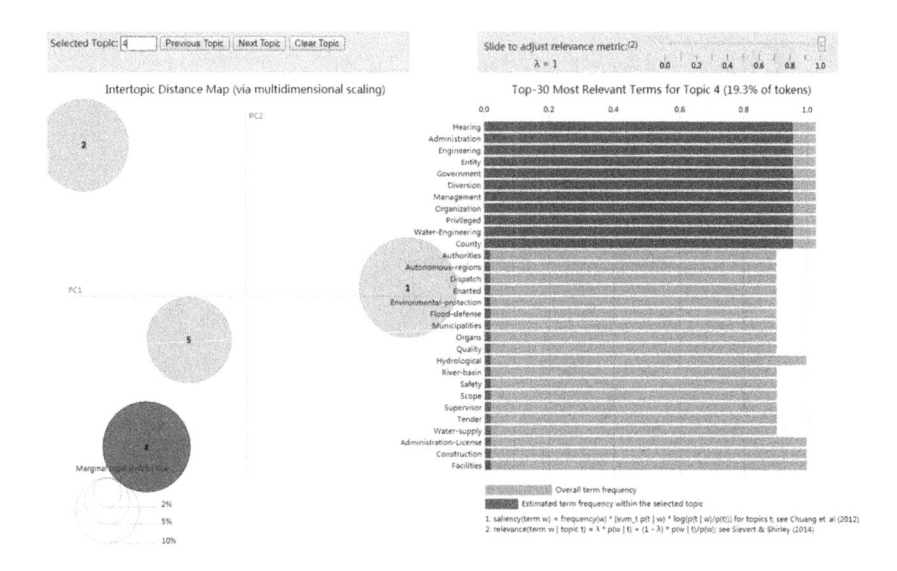

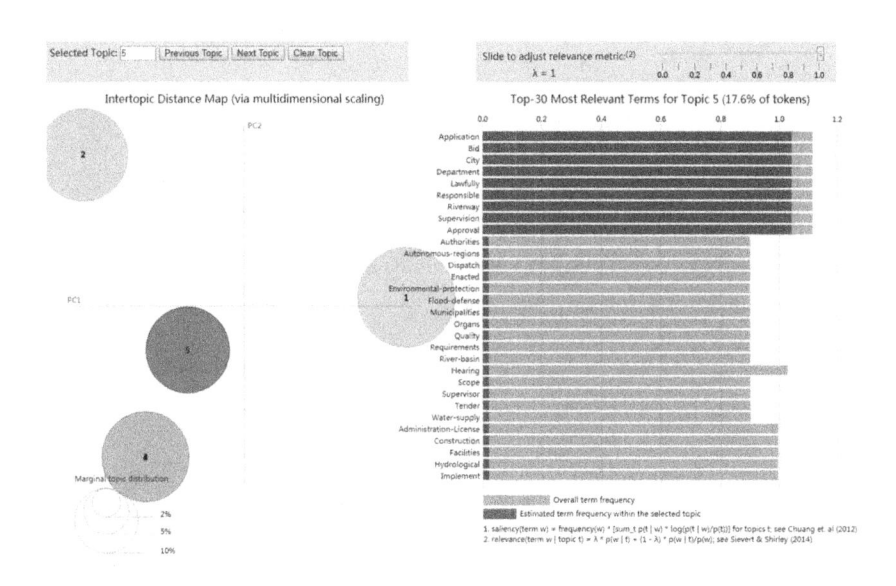

主题 5

参考文献

[1] AW B Y, ROBERTS J, XU D Y. R&D investment, exporting, and productivity dynamics [J]. American Economic Review, 2011, 101(4): 1312-1344.

[2] BAKER S R, BLOOM N, DAVIS S J. Measuring economic policy uncertainty[J]. Quarterly Journal of Economics, 2016.

[3] BANERJEE A, MCKINLEY E T, MOLTKE J V, et al. Interpreting heterogeneity in intestinal tuft cell structure and function[J]. Journal of Clinical Investigation, 2018, 128(5):1711-1719.

[4] BOUSSALIS C, COAN T G. Text-mining the signals of climate change doubt[J]. Global Environmental Change, 2016, 36:89-100.

[5] BUSTOS P. Trade liberalization, exports, and technology upgrading: evidence on the impact of MERCOSUR on Argentinian firms [J]. American Economic Review, 2011, 101(1): 304-340.

[6] DAVID M B, ANDREW Y N, MICHAEL I J. Latent Dirichlet Allocation [J] Journal of Machine Learning Research, 2003, 3(1):993-1022.

[7] DUANMU J L. Firm heterogeneity and location choice of Chinese Multinational Enterprises (MNEs)[J]. Journal of World Business, 2012, 47(1):64-72.

[8] ELA O C, AYDIN B. Evolutionary stable strategies for business innovation and knowledge transfer[J]. International Journal of Innovation Studies, 2019, 3(3):55-70.

[9] EMBID A. The evolution of water law and policy in Spain[J]. International Journal of Water Resources Development, 2002, 18(2): 261-283.

[10] FELDMAN R,SANGER J. The text mining handbook: Advanced approaches in analyzing unstructured data[M]. Cambridge: Cambridge University Press,2007.

[11] GAO X R,ZHAO Y,LU S H,et al. Impact of coal power production on sustainable water resources management in the coal-fired power energy bases of Northern China[J]. Applied Energy, 2019, 250:821-833.

[12] GODBOLE S,BHATTACHARYA I,GUPTA A,etal. Building re-usable dictionary repositories for real-world text mining[C]//. HUANG J. Proceedings of the 19th ACM international conference on Information and knowledge management. New York: Association for Computing Machinery,2010.

[13] GRILLITSCH M, NILSSON M . Knowledge externalities and firm heterogeneity: Effects on high and low growth firms[J]. Papers in Regional Science, 2017, 98(1):93-114.

[14] HOLT J D,CHUNG S M. Parallel mining of association rules from text databases[J]. Journal of Supercomputing,2007,39(3):273-299.

[15] SHEN H,PENG Y, GUO C X. Analysis of the evolution game of construction and demolition waste recycling behavior based on prospect theory under environmental regulation[J]. International Journal of Environmental Research & Public Health, 2018, 15(7):1518-1520.

[16] CHUANG H M,LIN C K ,CHEN D R ,et al. Evolving MCDM applications using hybrid expert-based ISM and DEMATEL models: An example of sustainable ecotourism[J]. The Scientific World Journal,2013(1).

[17] HUGHES N,GOESCH, T. Capacity sharing in the St George and MacIntyre Brook irrigation schemes in southern Queensland [M]. Canberra: ABARE, 2009.

[18] JARAMILLO P, NAZEMI A. Assessing urban water security under changing climate: Challenges and ways forward[J]. Sustainable Cities and Society,2018(41): 907-918.

[19] JENNIFER M, FROELICH, GAVIN E R. Book review: Mass spectrometry—instrumentation, interpretation and applications[J]. Applied Spectroscopy,2009,63(7):178A.

[20] SUN J, WANG J N,WEI Y Q, et al. The haze nightmare following the economic boom in China: Dilemma and tradeoffs. [J]. International Journal of Environmental Research and Public Health, 2016,13(4):402.

[21] SUN W J, WU Q, LIU H L, et al. Prediction and assessment of the disturbances of the coal mining in Kailuan to karst groundwater system [J]. Physics and Chemistry of the Earth, 2015(89/90):136-144.

[22] JOHN I, MAYNARD S. Potentially useful additions to the rural model performance evaluation[J]. Bulletin of the American Meteorological Society, 1984, 65(6):559-568.

[23] GÓMEZ-BARROSO J L, CLAUDIO F J, QUILES-CASAS M, et al. The evolution of the telecommunications policy agenda: Forty years of articles in Telecommunications Policy[J]. Telecommunications Policy,2017, 41(10):853-877.

[24] KAIKA M. The Water Framework Directive: a new directive for a changing social, political and economic European framework[J]. European Planning Studies. 2003,11(3):303-320.

[25] GREENAWAY D, KNELLER R. Firm heterogeneity, exporting and foreign direct investment: A survey[J]. The Economic Journal,2007, 117(517):F134-F161.

[26] LANE S M. Categories for the working mathematician (Graduate texts in mathematics)[M]. Berlin:Springer,1998.

[27] LI Y,CHEN Y Y. Variable precondition S-type cloud algorithm: Theory and application on water resources carrying capacity assessment[J]. Ecological Indicators, 2021, 121:107209.

[28] LU P,WANG F. Heterogeneity of inferring reputation probability in cooperative behaviors for the spatial prisoners' dilemma game[J]. Physica

A: Statistical Mechanics and its Applications, 2015(433):367-378.

[29] MASSEY A K, EISENSTEIN J, ANTON A I, et al. Automated text mining for requirements analysis of policy documents[C]//2013 21st IEEE International Requirements Engineering Conference, July 15-19, 2013.

[30] NASH T. The colorimetric estimation of formaldehyde by means of the Hantzsch reaction[J]. Biochemical Journal, 1953, 55(3):416-421.

[31] NASIRZADEH F, MAZANDARANIZADEH H, ROUHPARVAR M. Quantitative Risk Allocation in Construction Projects Using Cooperative-bargaining Game Theory [J]. International Journal of Civil Engineering, 2016, 14(3A):161-170.

[32] OECD. Growing unequal? income distribution and poverty in OECD countries[M]. Paris:OECD, 2008.

[33] PARK C, YONG T. Prospect of Korean nuclear policy change through text mining[J]. Energy Procedia, 2017, 128(1):72-78.

[34] PETER D T, LEO B J. Evolutionary Stable Strategies and Game Dynamics[J]. Mathematical Biosciences, 1978, 40(1/2):145-156.

[35] POOLE C B, LI Z R, ALHASSAN A, et al. Colorimetric tests for diagnosis of filarial infection and vector surveillance using non-instrumented nucleic acid loop-mediated isothermal amplification (NINA-LAMP)[J]. Plos one, 2017, 12(2):16-19.

[36] ROBERT A, ARBOR A, Hamilton W D. The evolution of cooperation[J]. Science, 1981, 211(4489):1390-1396.

[37] SALTON G. Developments in automatic text retrieval[J]. Science, 1991, 253(5023):974-980.

[38] SCHMUTZLER, A, LAWRENCE H G. The choice between emission taxes and output taxes under imperfect monitoring[J]. Journal of Environmental Economics Taxes and Management, 1997, 32(1):51-64.

[39] SHAO J, TAISCH M, ORTEGA-MIER M. A grey-DEcision-MAking Trial and Evaluation Laboratory (DEMATEL) analysis on the barriers between

environmentally friendly products and consumers: Practitioners' viewpoints on the European automobile industry[J]. Journal of Cleaner Production, 2016, 112(4): 3185-3194.

[40] SIMON H A. A behavioral model of rational choice[J]. Quarterly Journal of Economics, 1955, 69(1): 99-118.

[41] SIMON H A. The sciences of the artificial [M]. 3rd Edition. Cambridge: MIT Press, 1996.

[42] TEECE D J. Explicating dynamic capabilities: the nature and microfoundations of (sustainable) enterprise performance[J]. Strategic Management Journal, 2010, 28(13): 1319-1350.

[43] TOBBACK E, NAUDTS H, DAELEMANS W, et al. Belgian economic policy uncertainty index: Improvement through text mining[J]. International Journal of Forecasting, 2018, 34(2): 355-365.

[44] MENGIBAEV U, JIA X D, MA Y Q. The impact of interactive dependence on privacy protection behavior based on evolutionary game[J]. Applied Mathematics and Computation. 2020, 379: 125231.

[45] WANG X J, ELMANDI A, ZHANG J Y, et al. Water use and demand forecasting model for coal-fired power generation plant in China[J]. Environment, Development and Sustainability, 2019, 21(4): 1675-1693.

[46] WEI Y P, LANGFORD J, Willett I R, et al. Is irrigated agriculture in the Murray Darling Basin well prepared to deal with reductions in water availability? [J]. Global Environmental Change, 2011, 21(3): 906-916.

[47] WEISS S M, INDURKHYA N, ZHANG T, et al. From textual information to numerical vectors[J]. Fundamentals of Predictive Text Mining, 2010(41): 13-38.

[48] WONKWANG J, MYOUNGSOON Y. News media's framing of health policy and its implications for government communication: A text mining analysis of news coverage on a policy to expand health insurance coverage in South Korea[J]. Health Policy, 2019, 123(11): 1116-1124.

[49] XU R, WANG Y R, WANG W B, et al. Evolutionary game analysis for third-party governance of environmental pollution[J]. Journal of Ambient Intelligence and Humanized Computing,2019,10(8):3143-3154.

[50] YEAPLE S R. Firm heterogeneity and the structure of U. S. multinational activity[J]. Journal of International Economics, 2009, 78(2):206-215.

[51] ZHANG Y M,CHEN W D,MI Y B. Third-party remanufacturing mode selection for competitive closed-loop supply chain based on evolutionary game theory[J]. Journal of Cleaner Production,2020,263:121305

[52] ZANJANIAN, H, ABDOLABADI H,NIKSOKHAN M H,et al. Influential third party on water right conflict: A Game Theory approach to achieve the desired equilibrium (case study: Ilam dam, Iran)[J]. Journal of Environmental Management,2018,214:283-294.

[53] ZHANG W R,LI L G,LU P,et al. Perpendicular exchange-biased magnetotransport at the vertical heterointerface in $La_{0.7}Sr_{0.3}MnO_3$: NiO Nanocomposites[J]. ACS Applied Materials & Interfaces, 2015, 7(39): 21646-21651.

[54] 陈华红,胡税根. 我国水价政府规制研究[J]. 水利发展研究,2007, 7(11):32-37.

[55] 陈雷. 全面实施水资源消耗总量和强度双控行动着力保障经济社会持续健康发展[J]. 中国水利,2016(23):21-24.

[56] 陈茂山,陈金木. 把水资源作为最大的刚性约束如何破题[J]. 水利发展研究,2020,20(10):15-19.

[57] 陈明,邱俊钦. 基于环境库兹涅茨曲线的水环境规制研究[J]. 江西财经大学学报,2018,(4):53-59.

[58] 陈亚林,桂旺胜,董前进,等. 涉煤生产对区域水资源承载系统的影响仿真[J]. 系统仿真学报,2018,30(12):4770-4777.

[59] 陈亚林,刘姣姣,王先甲,等. 双重水资源规制下异质涉煤生产企业的策略行为[J]. 资源科学,2021,43(11):13.

[60] Bernard A B,Redding S J,Schott P K,等.比较优势与异质企业[J].经济资料译丛,2011(3):7-33.

[61] 程敏,刘彩清.基于系统动力学的拆迁行为演化博弈分析[J].运筹与管理,2017,26(2):35-41.

[62] 崔晶.水资源跨域治理中的多元主体关系研究——基于微山湖水域划分和山西通利渠水权之争的案例分析[J].华中师范大学学报(人文社会科学版),2018,57(2):1-8.

[63] 崔远森.资源环境因素、制造业国际竞争力与经常项目状态[M].北京:中国经济出版社,2014.

[64] 段思营,金国华,王宪恩,等.基于水量水质耦合多目标模型的辽源地区水资源优化配置[J].数学的实践与认识,2017,47(7):176-182.

[65] 段玮,齐舆,巩芳,等.系统动力学与经济管理理论及方法结合研究综述[J].统计与决策,2022,38(2):41-46.

[66] 方俊伟,崔浩冉,贺国秀.基于先验知识TextRank的学术文本关键词抽取[J].情报科学,2019,37(3):75-80.

[67] 郭倩,汪嘉杨,张碧.基于DPSIRM框架的区域水资源承载力综合评价[J].自然资源学报,2017,32(3):484-493.

[68] 侯恩科,车晓阳,冯洁,等.榆神府矿区含水层富水特征及保水采煤途径[J].煤炭学报,2019,44(3):821-830.

[69] 金帅,张洋,杜建国.动态惩罚机制下企业环境行为分析与规制策略研究[J].中国管理科学,2015,23(S1):637-644.

[70] 李金颖,李树林,彭冬,等.基于ISM分析法电网工程项目投资影响因素作用路径研究[J].项目管理技术,2017,15(10):42-46.

[71] 李娟芳,王文川,薛建民.基于水质-水量-水生态-社会-经济指标体系的洛阳市水资源承载力分析[J].水利规划与设计,2019(1):34-39.

[72] 李玲,潘雪倩,夏威夷,等.基于SD模型的重庆市水资源承载力模拟分析[J].中国农村水利水电,2018(5):128-133.

[73] 李玉文.流域水资源管理中社会资本作用机制的实证研究:黑河流域案例分析[M].经济科学出版社,2012.

[74] 廉鹏涛. 水权动态确权管理设计及过程化服务系统实现[D]. 西安:西安理工大学,2020.

[75] 刘建国,陈文江,徐中民. 干旱区流域水制度绩效及影响因素分析[J]. 中国人口·资源与环境,2012,22(10):13-18.

[76] 刘泽双,段晓亮,王广宇. 企业外部招聘行为的演化博弈分析[J]. 中国管理科学,2008(S1):613-617.

[77] 陆启韶,彭临平,杨卓琴. 常微分方程与动力系统[M]. 北京:北京航空航天大学出版社,2010.

[78] 马壮. 扬州市水资源双控管理问题研究[D]. 桂林:广西师范大学,2019.

[79] 蒙肖莲,杜宽旗,蔡淑琴. 环境政策问题分析模型研究[J]. 数量经济技术经济研究,2005,(5):79-88.

[80] 宁立波,靳孟贵. 我国古代水权制度变迁分析[J]. 水利经济,2004,22(6):8-11.

[81] 彭苏萍,毕银丽. 黄河流域煤矿区生态环境修复关键技术与战略思考[J]. 煤炭学报,2020,45(4):1211-1221.

[82] 秦泗阳,常云昆. 中国古代黄河流域水权制度变迁(上)[J]. 水利经济,2005,23(5):4-7.

[83] 邵利敏,高雅琪,王森. 环境规制与资源型企业绿色行为选择:"倒逼转型"还是"规制俘获"[J]. 河海大学学报(哲学社会科学版),2018,20(6):62-68.

[84] 宋国君,谭炳卿,等. 中国淮河流域水环境保护政策评估[M]. 北京:中国人民大学出版社,2007,13(2):44-47.

[85] 孙冬营,王慧敏,于晶. 基于模糊联盟合作博弈的流域水资源优化配置研究[J]. 中国人口·资源与环境,2014,24(012):153-158.

[86] 孙魁,范立民,夏玉成,等. 基于保水采煤理念的地质环境承载力研究[J]. 煤炭学报,2019,44(3):841-847.

[87] 滕玉华,张轶之,刘长进. 基于ISM的农村居民能源削减行为影响因素研究[J]. 干旱区资源与环境,2020,34(3):27-32.

[88] 田贵良,李晓宇,印浩,等.跨界水资源冲突协调的产权路径、博弈模型与案例仿真[J].管理工程学报,2020,34(6):173-182.

[89] 王晟.杭州市水资源承载力评价及提升路径[J].水土保持通报,2018,38(3):307-311.

[90] 王健.水资源管理法律制度创新研究[D].武汉:武汉大学,2013.

[91] 王先甲,何奇龙,全吉.阈值风险下的多企业合作治理污染的演化博弈分析[J].运筹与管理,2017,26(12):17-22.

[92] 王先甲,刘佳.具有外部性的合作博弈问题中的稳定的联盟结构[J].系统工程理论与实践,2018,38(5):1173-1182.

[93] 王亚华,胡鞍钢.水权制度的重大创新——利用制度变迁理论对东阳—义乌水权交易的考察[J].水利发展研究,2001,(1):5-8.

[94] 吴伟,陈功玉,王浣尘,等.环境污染问题的博弈分析[J].系统工程理论与实践,2001,21(10):115-119.

[95] 向鹏成,刘丹.基于ISM的高速铁路工程项目风险关系分析[J].世界科技研究与发展,2016,38(2):409-414.

[96] 徐志刚,王金霞,黄季焜.水资源管理制度改革、激励机制与用水效率——黄河流域灌区农业用水管理制度改革的实证研究[J].中国农业经济评论,2004,2(4):415-426.

[97] 许才琳,杨明杰,方明俊.水资源管理及其有效保护措施探讨[J].视界观,2021.

[98] 杨进怀,孙艳红,张洪江,等.我国水资源管理现状及发展趋势[J].水土保持研究,2007,14(6):250-253.

[99] 杨翾,彭迪云.消费者使用第三方支付感知风险的影响因素与对策建议——基于解释结构模型(ISM)的实证分析[J].南昌大学学报(人文社会科学版),2015(4):70-76.

[100] 杨永利.基于耦合模型的辽河流域城市化发展与水资源环境协调机制研究[J].水利规划与设计,2020(3):49-53.

[101] 于立,肖兴志.规制理论发展综述[J].财经问题研究,2001(1):17-24.

[102] 余亚斌. 水资源管理市场化的法律制度研究[C]//中国法学会环境资源法学研究会第二次会员代表大会暨2017年年会(全国环境资源法学研讨会),2017.

[103] 张翠云,王昭. 黑河流域人类活动强度的定量评价[J]. 地球科学进展,2014(S1):386-390.

[104] 张静静. 新电改下售电企业创新增值服务动力演化博弈分析[J]. 煤炭经济研究,2016,36(9):59-65.

[105] 张军,任相坤. 煤化工项目循环水冷却系统工艺对比及技术经济分析研究[J]. 煤炭工程,2018,50(11):29-32.

[106] 张凯,袁家海. "十三五"电力煤控中期评估及展望[J]. 中国能源,2019,41(7):18-24.

[107] 张莉莉. 我国水资源管理的法律规制:制度变迁与完善[J]. 水利发展研究,2014,14(7):32-35.

[108] 张学刚,钟茂初. 政府环境监管与企业污染的博弈分析及对策研究[J]. 中国人口资源与环境,2011(2):31-35.

[109] 赵红. 环境规制对中国产业绩效影响的实证研究[D]. 济南:山东大学,2007.

[110] 郑方辉,毕紫薇,孟凡颖. 取水许可与水资源费征收政策执行绩效评价[J]. 华南农业大学学报(社会科学版),2009,9(1):57-63.

[111] 郑云虹,高茹,李岩. 基于环境规制的污染企业区际间转移决策[J]. 东北大学学报(自然科学版),2019,40(1):144-149.

[112] 周德群,章玲. 集成DEMATEL/ISM的复杂系统层次划分研究[J]. 管理科学学报,2008,11(2):20-26.

[113] 朱永彬,史雅娟. 中国主要城市水资源价值评价与定价研究[J]. 资源科学,2018,40(5):1040-1050.

[114] 左其亭,马军霞,陶洁. 中国水资源管理新思想及和谐论应用[J]. 资源与生态学报(英文版),2013,4(2):165-171.

[115] 左其亭. 人水系统演变模拟的嵌入式系统动力学模型[J]. 自然资源学报,2007,22(2):268-274.